PROL

Ein Frühlingstag in Berlin. Ich laufe mit meinen drei Töchtern die Straße entlang, auf dem Bürgersteig schimmert ein goldener Stein. Meine jüngste Tochter, die alles liebt, was glänzt, rennt hin. Ihre Schwestern folgen ihr und entziffern den Namen der jüdischen Frau, die hier gelebt hat. »Warum jetzt nicht mehr, Mama?«

Ein wenig später steigen wir in die Straßenbahn. Es rumpelt, und meine Töchter freuen sich, als sie fast von ihren Sitzen fliegen. Nach einer Weile kommen wir an den Überresten der Mauer vorbei. »Mama«, sagt meine Tochter. »Ist hier das Land, das es nicht mehr gibt?«

»Das Vergangene ist nicht tot; es ist nicht einmal vergangen.« So beginnt die ostdeutsche Schriftstellerin Christa Wolf ihren Roman ›Kindheitsmuster‹. Gerade in Deutschland ist die Vergangenheit besonders präsent, und im Jahr 2019 kehrt sie noch einmal mit voller Wucht zurück. 70 Jahre Bundesrepublik Deutschland, 70 Jahre Grundgesetz, 30 Jahre Mauerfall. Durch Berlin führt eine Route der Revolution, deren einzelne Stationen, darunter die Stasi-Zentrale und das Brandenburger Tor, an den 9. November 1989 erinnern. In Hamburg findet eine Lange Nacht des Grundgesetzes statt, in Leipzig, wo die Montagsdemonstrationen ihren Anfang nahmen, leuchtet fünf Wochen lang die Innenstadt. Doch wenn wir dieser Ereignisse gedenken, die unser politisches System geformt haben, ist es auch an der Zeit für eine Bestandsaufnahme: Wie geht es unserer Demokratie heute? Haben wir aus der Vergangenheit gelernt und ist unsere Demokratie wirklich zukunftssicher?

Als ich zwölf Jahre alt war, flog mein Vater mit mir nach Israel. Normalerweise sahen wir uns nicht oft, meine Eltern lebten getrennt, doch wenn mein Vater mir eine Sache nahebringen wollte, dann war es: Nie wieder Faschismus. Als er in den 50er-Jahren sein Studium in Jura und Politikwissenschaften aufnahm, erfuhr er an der Uni die ganze grausame Wahrheit über die Nazizeit. An den Wochenenden fuhr er nach Hause, allerdings nicht zu unbeschwerten Familienzusammenkünften, denn jedes Mal stellte er seinem Vater dieselbe Frage: Was hast du gewusst? Bitte heute keinen Streit, sagte meine Großmutter manchmal, doch mein Vater konnte nicht anders, er wollte eine Antwort haben und hat sie niemals so ganz bekommen.

An einem unserer ersten Tage in Israel besuchen mein Vater und ich Yad Vashem, die Holocaust-Gedenkstätte in Jerusalem. Während der vielen Stunden, die wir dort verbringen, wage ich kaum ein Wort zu sagen. Auf mehreren Bildschirmen sehe ich Hitler, wie er seine Reden bellt, und schäme mich, auch nur ein Wort in derselben Sprache zu sagen wie er. Erst beim Hinausgehen murmele ich meinem Vater etwas zu. Das Paar, das direkt vor uns steht, dreht sich um.

»Sind Sie Deutsche?«, fragt die Frau.

Sie ist die einzige Überlebende in ihrer Familie, alle anderen sind im Konzentrationslager umgekommen. Einen Moment lang taxiert ihr Ehemann meinen Vater schweigend, dann erkundigt er sich nach seinem Jahrgang. Als mein Vater sagt, er sei 1936 geboren, entspannt sich die Miene des Mannes. Zu Hitlers Zeiten war mein Vater noch ein Kind, damit ist er unverdächtig, und ich bin erleichtert.

Als der Krieg endet, ist mein Vater gerade neun geworden. Drei Jahre später, im August 1948, treffen sich auf der Insel Herrenchiemsee elf Delegierte der westlichen Besatzungszonen. Sie sollen im Namen der Alliierten eine neue Verfassung vorbereiten, und das unter Bedingungen, die für die damalige Zeit überaus luxuriös sind: Pro Tag darf jeder von ihnen drei Zigarren oder zwölf Zigaretten rauchen und eine halbe Flasche Wein und einen Liter Bier trinken. Nach 13 Tagen liegt ein erster Entwurf auf dem Tisch. Aus ihm spricht ein starkes Misstrauen gegenüber dem Volk, das einem Verbrecher wie Hitler zugejubelt hat. Volksentscheide und die Direktwahl des Präsidenten werden abgeschafft, in Zukunft soll die Macht bei den Parteien liegen. Mit dem Verfassungsgericht und der Möglichkeit von Parteiverboten spannt man zusätzliche Sicherheitsnetze auf.

Doch auf eines bestehen die westdeutschen Politiker mit erstaunlicher Sturheit. Was sie entwickelt haben, soll keine Verfassung sein, auch wenn die Alliierten dies wünschen. Auch eine landesweite Abstimmung über die Inhalte, so wie die Alliierten sich das vorgestellt haben, um den Deutschen die demokratischen Spielregeln beizubringen, lehnen sie ab.

Das, sagen die Politiker, müsse warten, bis das Land wiedervereinigt sei. Sie hätten sich, so drückt es der SPD-Politiker Carlo Schmid aus, nur ein provisorisches Grundgesetz für ein »Staatsfragment« ausgedacht. Auf keinen Fall will man die Teilung Deutschlands zementieren.

An einem der letzten Julitage im Jahr 1961 steigt eine 19-jährige Frau am Leipziger Bahnhof in den Zug nach Ostberlin. Gelöst hat sie eine einfache Fahrkarte. Sie hat nicht vor zurückzukehren. Der Zug, in dem sie sitzt, wird mehrmals von Volkspolizisten gestoppt, die jeden einzelnen Fahrgast kontrollieren. Diejenigen mit Koffern oder großen Taschen werden besonders kritisch befragt. Kurz vor Berlin hält der Zug auf freier Strecke. Etliche Menschen müssen aussteigen. Die junge Frau darf drin bleiben, sie hat nur einen kleinen Beutel dabei. In Ostberlin wechselt sie in die Ringbahn, auch hier holen die Polizisten noch einmal Leute raus, wie die Familie, die Bettdecken unterm Arm trägt. Die junge Frau fährt ungehindert weiter in den Westteil der Stadt. Dort macht sie sich auf den Weg zum Notaufnahmelager Marienfelde.

Rund zwei Wochen später, am Sonntag, den 13. August 1961, reißen Grenzpolizisten früh am Morgen Pflastersteine aus den Straßen und errichten Barrikaden. Der Ringbahnverkehr wird unterbrochen, der Mauerbau beginnt.

Die Frau, die kurz zuvor in ein neues Leben fuhr, ist meine Mutter. Von ihrer Absicht hatte sie nicht einmal ihren Eltern erzählt. Sie wird die beiden, die in Schwerin leben, erst Jahre später wiedersehen.

Meine Mutter war kein sonderlich politischer Mensch. Als

sie sich zur Flucht entschloss, ging es ihr nicht um demokratische Schlüsselbegriffe wie Gewaltenteilung oder Rechtsstaatlichkeit. Sie liebte Literatur und wollte all die Romane lesen, die in der DDR verboten waren, zum Beispiel die Bücher von Franz Kafka. Im Westen angekommen, kaufte sie sich zuerst eine Tafel Schokolade und eine Nylonstrumpfhose ohne Naht. Später machte sie noch einmal Abitur, weil ihr ostdeutsches in der Bundesrepublik nichts wert war.

17 Jahre später werde ich geboren. Der kleine Beutel, den meine Mutter 1961 dabeihatte, hängt in unserer Abstellkammer; wir bewahren darin unser Schuhputzzeug auf. Wenn wir nach Schwerin fahren, um meinen Großvater zu besuchen, mache ich ein Spiel, das ich Russenzählen nenne: Wie viele Soldaten werde ich entlang der Transitstrecke entdecken? Bei meiner Mutter spüre ich auf diesen Reisen eine Unruhe. Oft erzählt sie mir, wie sie ihrer Lieblingslehrerin nach langer Zeit in Schwerin auf der Straße wiederbegegnet sei und diese sich geweigert habe, mit ihr zu sprechen, da sie die DDR verlassen hatte. Und bei den Geburtstagsfeiern meines Großvaters, die er jedes Jahr in derselben Gaststätte feiert, sitzt manchmal ein Mann dabei, den niemand eingeladen hat und der kaum etwas sagt, aber dafür alles umso genauer beobachtet.

Den Abend des 9. November 1989 verbringe ich bei einer Freundin, die in Kreuzberg wohnt, ganz nah bei der Mauer. Ihre Mutter ist ausgegangen, und wir zappen durchs Fernsehen. Als in den Nachrichten verkündet wird, dass die Mauer offen sei, verstehen wir nicht, wie das gemeint sein könnte. Die Mauer ist genauso ein fester Bestandteil meiner Westberliner Kindheit wie das Schwimmbad hinterm Park. Ein paar Tage später steht dieses Schwimmbad noch, aber die Mauer ist so weit zerstört, dass ich mein Bein nur ein wenig anheben muss und mit einem Fuß im Osten und dem anderen im Westen stehe.

Alles wird gut – dieses Gefühl breitet sich damals in mir aus. Ich höre auf, Russen zu zählen, wenn wir meinen Großvater besuchen, ich stehe am 10. November 1989 vor dem Rathaus Schöneberg, als Willy Brandt spricht, ich sehe meine Mutter weinen. Mit ihren Montagsdemonstrationen und »Wir sind das Volk«-Rufen ist den Ostdeutschen etwas gelungen, das wie ein Widerspruch in sich klingt. Eine friedliche Revolution.

Der Kalte Krieg ist vorbei, die EU wächst zusammen, immer mehr Länder demokratisieren sich. In seinem Buch ›Das Ende der Geschichte‹ schreibt der amerikanische Politikwissenschaftler Francis Fukuyama, die demokratische Staatsform habe sich durchgesetzt und alle großen Fragen seien geklärt.

Wie naiv das heute erscheint, da wir jeden Tag mit autokratischen Herrschern konfrontiert sind, die uns nicht den Gefallen tun, Fukuyamas optimistischer These zu entsprechen. Und wir Deutschen können uns auch nicht wie demokratische Musterschüler fühlen. Seit 2014 gehen in der ehemaligen DDR wieder Menschen mit »Wir sind das Volk«-Schildern auf die Straße. Allerdings demonstrieren sie dieses Mal nicht für die Öffnung der Grenzen, sondern für Abschottung. Sie glauben, dass sie das Abendland gegen muslimische Flüchtlinge verteidigen müssen und rufen zum Widerstand auf.

In der Schweriner Gaststätte, in der mein Großvater immer Geburtstag gefeiert hat, trifft sich heute die AfD, und in Berlin ziehen eines Abends Menschen durch unsere Straße und über den Stolperstein für die ermordete Jüdin hinweg, die Deutschlandfahnen schwenken und mich mit ihrem Gebrüll an das erinnern, was ich in Yad Vashem auf den Bildschirmen gesehen habe.

War das, was ich für eine fortschreitende und fast unumkehrbare Entwicklung hielt, nur eine gute Phase?

Eins ist sicher: Unser politisches System steht unter massivem Druck, von außen wie von innen. Nur noch 24 Prozent der Menschen vertrauen der Bundesregierung,[1] selbst Versicherungsvertreter genießen inzwischen mehr Ansehen als Politiker,[2] und ein Drittel der Deutschen ist der Meinung, dass wir auf eine große Krise zusteuern, die mit den derzeitigen politischen Möglichkeiten nicht zu lösen ist.[3] Was ich besonders traurig finde: Gerade mal 42 Prozent der Ostdeutschen halten die Demokratie hierzulande für die beste Staatsform.[4] Auch sonst ist die Stimmung in Deutschland besorgniserregend. Diskussionen gleichen immer mehr einem Schlagabtausch, und Politiker werden bedroht, angegriffen und sogar ermordet.

Sollen wir uns damit abfinden? Reicht es, auf Pegida-Demonstrationen mit Gegendemonstrationen zu reagieren und auf »Wir sind das Volk«-Plakate mit »Ihr seid nicht das Volk«-Plakaten? Demokratie ist dem Wortsinn nach die Herrschaft des Volkes, aber wie soll das gehen, wenn es derart gespalten ist? Und auf welche Weise kann man das gesellschaftliche Klima entgiften und Politiker und Bürger wieder zusammenbringen?

Die Antwort darauf gibt vielleicht ein weiteres Jubiläum. »Wir wollen mehr Demokratie wagen«, sagte Bundeskanzler Willy Brandt am 28. Oktober 1969 in seiner Regierungserklärung. Diesen Satz sollten wir uns heute, ein halbes Jahrhundert später, zu Herzen nehmen. Die Geschichte ist nicht zu Ende und die Demokratie niemals fertig. Also sollten wir herausfinden, wie wir unser politisches System so verändern können, dass es alle Menschen mitnimmt. Diese Notwendigkeit schienen zuletzt auch die Politiker begriffen zu haben. In dem Koalitionsvertrag, den CDU, CSU und SPD im März 2018 unterzeichneten, hieß es, eine Expertenkommission solle Vorschläge erarbeiten, durch welche Elemente der Bürgerbeteiligung und direkten Demokratie unsere parlamentarisch-repräsentative Demokratie ergänzt werden könne. Das klang vielversprechend, aber als sich die Grünen im Februar 2019 erkundigten, was aus diesem schönen Plan geworden sei, hörten sie, dass man bisher noch nicht einmal sicher sei, nach welchen Kriterien die Experten ausgewählt werden sollten.

Mit anderen Worten: In Deutschland ist nichts geschehen.

Dafür haben Menschen in anderen Ländern umso mehr Visionen und probieren diese auch aus.

EINE VISION:
Die Dritte Kammer

Für dieses Buch bin ich an Orte gereist, wo Menschen schon jetzt mehr können als nur wählen. In der Schweiz hat man plebiszitäre Elemente längst erfolgreich in das repräsentative System integriert. In Belgien und Spanien experimentiert man mit Zusammenkünften von zufällig ausgewählten Bürgern, die über konkrete Sachfragen diskutieren. Und in Irland wurde auf diese Weise sogar eine Einigung über ein neues Abtreibungsgesetz erzielt – ein Thema, das in dem katholischen Land jahrzehntelang zu großen Spannungen geführt hatte.

Genauso eine Bürgerversammlung stelle ich mir auch für Deutschland vor. Ein neues politisches Gremium, eine Dritte Kammer, ebenso wichtig wie Bundestag und Bundesrat, in der jedoch keine Berufspolitiker sitzen, sondern zufällig ausgewählte Menschen, die in ihrer Gesamtheit die Vielfalt und Heterogenität unseres Landes abbilden, aktuelle politische Fragen diskutieren und Empfehlungen abgeben. Die Zufallsauswahl ist aber nur die halbe Lösung. Damit Bürgerversammlungen gelingen, ist auch eine bestimmte Haltung vonnöten, die man deliberativ nennt.

Debatten kennen wir alle. Im Debattenmodus hören wir

unserem Gegenüber oftmals gar nicht richtig zu, lauern stattdessen auf unseren Einsatz, versuchen, einen Stich zu machen und unsere Argumente bestmöglich unterzubringen, denn wir haben ein Ziel. Wir wollen gewinnen. Genau nach diesem Prinzip funktionieren auch politische Talkshows. Auf keinen Fall nachgeben, unbedingt recht behalten. Deliberation ist etwas anderes. Deliberare kommt von dem lateinischen Wort *libra,* die Waage. Wenn Menschen deliberieren, wägen sie ab, und dazu braucht es mehrere Positionen und verschiedene Personen, die etwas in die Waagschale werfen, und dann schwankt die Waage meist, geht erst auf einer Seite hoch und wieder runter, ist also bis zum Schluss beweglich.

Die Dritte Kammer schafft den notwendigen Rahmen für Deliberation. Weil sie das Gegenteil einer Filterblase ist, hilft sie dabei, das Lagerdenken zu überwinden. Zunächst hören die Zufallsbürger Experten an, die alle Aspekte eines Themas beleuchten, dann suchen sie gemeinsam nach Antworten. Nehmen wir als Beispiel die CO_2-Steuer. Über sie liest man so viel, aber wer, der nicht politisch tätig ist, hat in seinem Alltag schon die Zeit, sich in aller Ausführlichkeit mit den Argumenten von Befürwortern und Gegnern auseinanderzusetzen und sich auf diese Weise eine fundierte Meinung zu bilden?

Während es in Meinungsumfragen bloß darum geht, was die Leute so denken, will man in Bürgerversammlungen wissen, was sie denken würden, falls sie optimale Bedingungen hätten – also die Chance, sich umfassend zu informieren, mit anderen zu diskutieren und selbst wirklich gehört zu werden. Jürgen Habermas, einer der profiliertesten

Verfechter der deliberativen Demokratie, der vor Kurzem 90 Jahre alt geworden ist, nannte das »die ideale Sprechsituation«.

Ein weiterer Aspekt ist aber auch sehr wichtig – und der findet in Habermas' hyperrationalem Modell gar keine Erwähnung. Gut gemeinte Appelle wie »Jetzt lass uns mal vernünftig reden« bringen keine echte Deliberation hervor, denn wer sich Mühe gibt, rational zu erscheinen, hält Dinge zurück, die eigentlich dringend auf den Tisch müssten. In einer Deliberation muss deshalb Raum für Unvernunft und Emotion sein. Deliberation bedeutet, schonungslos ehrlich zu sein, Tiefenbohrungen vorzunehmen im eigenen Inneren, aber auch genauso offen und empfänglich für das Gegenüber zu sein und Empathie zu entwickeln – selbst wenn es sich dabei um einen Menschen handelt, den man aufgrund seiner Ansichten eigentlich ablehnt. Deliberation heißt, seine eigenen Vorstellungen auszusprechen und danach dem Tischnachbarn zuzuhören, der völlig gegensätzliche Ideen hat. Da erfährt der Umweltschützer, was die Frau bewegt, die in der Automobilindustrie arbeitet, der Gegner der Widerspruchslösung bei Organspenden lässt sich erzählen, wie es ist, auf eine Niere zu warten, der Arbeiter hört die Argumente einer Mittelständlerin gegen die Vermögenssteuer, und die Frau, die strikt gegen die Ehe für alle ist, sitzt einem Homosexuellen gegenüber.

Kofi Annan, der ehemalige und inzwischen verstorbene Generalsekretär der Vereinten Nationen, war ein Fan solcher Bürgerversammlungen. »Wir müssen unsere Demokratien inklusiver machen«, forderte er in einer Rede im Jahr 2017. »Das bedeutet mutige und innovative Reformen, um die jungen und die armen Menschen und die Minderheiten in das politische System zu integrieren. Eine interessante Idee (…) ist es, die Praxis des antiken Griechenlands wiedereinzuführen, wo man die Mitglieder des Parlaments per Los und nicht durch Wahlen aussuchte. (…) Auf diese Weise verhindert man, dass eine politische Klasse entsteht, die von ihren Wählern abgekoppelt ist.«

Genau diesen Plan will der französische Staatspräsident Emmanuel Macron umsetzen. 150 per Los ausgewählte Franzosen sollen über Klimaschutz beraten, und in Großbritannien forderten einige Politiker eine Bürgerversammlung, damit das Brexit-Dilemma endlich gelöst wird. In Deutschland hingegen scheinen die Politiker seit der Bundestagswahl 2017 mehr mit Macht- als mit Sachfragen befasst zu sein, die Ängste sind größer als die Visionen, und deshalb haben einige Menschen fernab der Politik beschlossen, die Erneuerung der Demokratie selbst in die Hand zu nehmen. Zum Beispiel Dominik Herold, der in Frankfurt am Main Politische Theorie studierte und dabei die Praxis vermisste.

Weil der 1992 geborene Münchner so begeistert von dem Potenzial ist, das in Bürgerversammlungen steckt, rief er zusammen mit einigen Kommilitonen die Initiative »mehr als wählen« ins Leben. Monatelang suchten sie Geldgeber und Unterstützer, Anfang 2019 war es dann endlich so weit, und 44 zufällig ausgewählte Frankfurter trafen sich, um auf dem sogenannten Demokratiekonvent drei Tage lang darüber nachzudenken, wie sie zukünftig an den Entscheidungen in ihrer Stadt beteiligt sein wollen. »Nur mit Gleichgesinnten reden? Du kannst mehr!« stand auf dem Plakat, das die Teilnehmer begrüßte.

Unter ihnen waren ein Banker genauso wie eine Krankenschwester, die extra ihre Schicht getauscht hatte, um mitmachen zu können. Die Altersspanne lag zwischen 19 und 79. Am Ende gingen alle in einer feierlichen Prozession hinüber ins Rathaus der Stadt, wo 1963 die Auschwitzprozesse begonnen hatten, und übergaben ihre Forderungen – zum Beispiel nach mehr direkter Demokratie und einer dauerhaften Bürgerversammlung – dem Frankfurter Oberbürgermeister.

In Freiburg ist etwas Ähnliches geplant. Dort wird demnächst ein neuer Stadtteil mit 6000 Wohnungen entstehen, und eine Bürgerversammlung soll sich mit dem Thema Miete beschäftigen. Neben regionalen Veranstaltungen gibt es aber auch ein großes bundesweites Demokratieexperiment. 160 zufällig ausgewählte Menschen werden, wenn dieses Buch erscheint, im September 2019 ein Wochenende lang in Leipzig über genau die Frage gesprochen haben, die von der Bundesregierung verschleppt worden ist: Wie wollen wir unser parlamentarisches System bereichern und erweitern?

Organisiert worden ist dieser sogenannte Bürgerrat vom Verein »Mehr Demokratie«. Seine Bundesvorstandssprecherin Claudine Nierth sagt, dass sie mit ihm ein Minideutschland an einen gemeinsamen Tisch bekommen wollte. »Menschen möchten Teil der Lösung sein. Doch dazu müssen wir lernen, unterschiedliche Meinungen nicht als Bedrohung, sondern als Bereicherung zu sehen.«

Bereits jetzt laufen die Vorbereitungen für den nächsten

Bürgerrat im Jahr 2020 – dann soll es um ein großes Thema wie Klima oder Migration gehen.

Derzeit erleben wir einen massiven Reformstau im Land. Probleme bleiben einfach liegen, auch weil Politiker sich vor den Wählern fürchten. Mit Bürgerversammlungen kann man das ändern. Trotzdem macht allein die Vorstellung, dass sich unser politisches System irgendwie wandeln könnte, vielen Menschen Angst. Vor der parlamentarisch-repräsentativen Demokratie der Bundesrepublik waren die Nazis an der Macht. Sollten wir angesichts dieser schrecklichen Vergangenheit nicht froh und dankbar darüber sein, was wir heute haben? Andererseits: Kann es nicht sein, dass es noch besser geht?

Ich glaube daran. Und davon handelt dieses Buch.

JENSEITS DER PARTEIEN.
Die Lücken unseres repräsentativen Systems

Am 22. Juni 2010 stand Joachim Gauck im Deutschen Theater in Berlin auf der Bühne, um sich als möglicher Bundespräsident vorzustellen. Ins Rennen geschickt hatten ihn SPD und Grüne, aber nachdem er seine Ansprache beendet hatte, sprang sogar der CDU-Politiker Kurt Biedenkopf auf und applaudierte heftig. Gauck hatte erzählt, wie er am 18. März 1990, dem Tag der ersten Volkskammerwahlen nach dem Mauerfall, mit Glückstränen in den Augen aus dem Wahllokal gekommen war. »Ich habe gewählt«, sagte er zu einem ihm fremden Mann, da seine Freude so groß war, dass sie ein Ventil brauchte. »Ich musste 50 Jahre alt werden, um das zu tun«, sagte Gauck. »Ich wusste: Nie, nie und nimmer wirst du auch nur eine Wahl versäumen.«

Freie, geheime und gleiche Wahlen sind das Alleinstellungsmerkmal unserer Demokratie. In seiner Demokratie-Theorie hat der österreichische Ökonom Joseph Schumpeter den Akt des Wählens sogar mit der Staatsform gleichgesetzt. Die Idee hinter der Stimmabgabe: Ich muss nicht unbedingt über sämtliche Dinge selbst entscheiden, damit in meinem

Sinne gehandelt wird. Ich kann genauso gut jemanden beauftragen, der meine Interessen im Blick hat. Und wenn jeder einen passenden Repräsentanten wählt, dann ist für alle gesorgt. Im Artikel 38 des Grundgesetzes ist das so formuliert: »Die Abgeordneten des Deutschen Bundestages … sind Vertreter des ganzen Volkes.« Das klingt gut – bis man sich die Zusammensetzung unseres Parlaments mal genauer ansieht.

Derzeit gibt es 709 Abgeordnete, damit ist der Bundestag größer denn je. Trotzdem gibt es nur 219 Frauen und 21 Parlamentarier unter 30 Jahren. Der Akademikeranteil liegt dagegen bei über 80 Prozent, während in der Gesamtbevölkerung etwa 20 Prozent einen Hochschulabschluss haben. Und obwohl in Deutschland 22,5 Prozent der Menschen einen Migrationshintergrund haben, trifft das lediglich auf 7,5 Prozent der Parlamentarier zu. Ich könnte diese Reihe noch fortsetzen – auch Alleinstehende, Dorfbewohner und Muslime gibt es im Vergleich zur Bevölkerung viel zu wenig.[5]

Ist das richtig so, nur weil diese Menschen durch freie, geheime und gleiche Wahlen in den Bundestag gelangt sind? Oder bräuchten wir ein anderes Parlament, um die Verhältnisse im Land wirklichkeitsgetreu abzubilden?

Damit sind wir mittendrin in einem großen Konfliktfeld der Politikwissenschaft. Dort unterscheidet man zwischen substanzieller und deskriptiver Repräsentation. Substanziell bedeutet: Da ist jemand, der mich inhaltlich vertritt. Deskriptiv heißt: Dieser Jemand spricht nicht nur für mich, sondern er ist auch tatsächlich wie ich, stammt aus dem gleichen Milieu, hat dasselbe Geschlecht und ein ähnliches Alter.

Was ist besser?

John Adams, einer der Gründerväter der USA und ihr zweiter Präsident, hat radikale deskriptive Repräsentation eingefordert: »Die (…) Versammlung (…) sollte in Miniatur ein exaktes Porträt des Volkes als Ganzes sein. Sie sollte denken, fühlen, argumentieren und handeln wie das Volk.« Der vierte US-Präsident James Madison verlangte hingegen, dass Wähler und ihre Repräsentanten sich deutlich voneinander unterscheiden sollten: »Die Auswirkung (…) besteht (…) darin, dass die öffentliche Meinung geläutert und erweitert wird, indem sie den Filter einer ausgewählten Gruppe von Staatsbürgern passiert, deren Einsicht die Gewähr bietet, dass sie die wahren Interessen ihres Landes erkennen.«

Es würde mich nicht wundern, wenn mancher deutsche Politiker ähnlich überheblich wie Madison denkt. Von deskriptiver Repräsentation ist der Bundestag weit entfernt, zugleich schwindet das Vertrauen in die substanzielle Repräsentation – was sich darin zeigt, dass der Ruf nach Quoten lauter wird. Frauenquoten, Migrantenquoten und neuerdings auch Ostquoten. Selbst wenn man solche Regelungen ablehnt: Ist es nicht absolut nachvollziehbar, dass sich die meisten Menschen durch den Bundestag nicht vertreten fühlen? Zumal das Parlament seine Türen den falschen Leuten geöffnet hat. Derzeit haben mehr Lobbyisten als Abgeordnete einen Hausausweis und damit ungehinderten Zugang zur Entscheidungszentrale der Bundesrepublik.

Für deskriptive Repräsentanz bräuchte der Bundestag ein Plus von 140 Frauen, 63 jüngeren Menschen, 107 Menschen mit Migrationshintergrund, 33 Muslimen, 123 Alleinstehenden, 244 Hauptschülern und 124 Dorfbewohnern. Würde das die Politik nicht gleich um einiges lebendiger machen?

Eine Wahldemokratie ohne Wähler

Im Zen-Buddhismus geben Meister ihren Schülern gerne Koans auf, das sind kurze Sentenzen, in denen eine unlösbare Frage steckt. Zum Beispiel: »Das Klatschen mit beiden Händen macht einen Laut. Wenn du mit einer Hand klatschst, welchen Laut hörst du dann?« Oder: »Was war dein ursprüngliches Gesicht, ehe dein Vater und deine Mutter dich in diese Welt setzten?« Wenn wir nicht aufpassen, werden wir in Deutschland bald vor einem großen Koan stehen, das da lautet: Wie geht eine Parteiendemokratie ohne Parteien?

Die Schrumpfung der Parteien, denen das Grundgesetz so eine wichtige Rolle zugesprochen hat, schreitet schon seit Jahrzehnten voran. Die höchste Mitgliederzahl ihrer Geschichte verzeichnete die SPD im Jahr 1976. Damals gab es 1 022 191 Genossen. Als ich im Frühsommer 2019 nachfrage, sind es rund 438 000. Die CDU hatte ihre beste Zeit im Jahr 1990 mit 789 609 Anhängern. Inzwischen sind nur noch etwa 415 000 Deutsche in der CDU. Falls sich diese Entwicklung fortsetzt, hat die SPD im Jahr 2037 und die CDU 2047 gar keine Mitglieder mehr.[6] Selbst die Grünen, die immerhin Anhänger dazugewinnen, stehen vor einem Problem: Das durchschnittliche Alter ihrer über 80 000 Anhänger liegt bei 49 Jahren. Nach einer Partei der Zukunft klingt das nicht unbedingt.

Auch die Zahl der Personen, die von ihrem Wahlrecht Gebrauch machen, nimmt seit den 80ern stetig ab. Während bei der Bundestagswahl 1972 ganze 91,1 Prozent der Deutschen ein Kreuz setzten, waren es im Jahr 2017 76,2 Prozent. Bei der Europawahl 2019 war der Jubel groß, weil die Wahlbeteiligung mit 61,4 Prozent überraschend hoch ausfiel, doch so ganz kann ich die Freude nicht verstehen. Schließlich bedeutet dieses Ergebnis, dass fast die Hälfte der Deutschen keinen Sinn darin gesehen hat, ihre politische Meinung kundzutun. Besorgniserregend ist auch das geringe Interesse an Kommunalwahlen. Als 2016 in Hessen gewählt wurde, lag die Beteiligung bei mageren 48 Prozent und im Frankfurter Stadtteil Gallus sogar nur bei 27,4 Prozent.

Damit sind wir beim zweiten großen Koan der Demokratietheorie: Was geschieht mit einem System, das von der Beteiligung der Menschen lebt, falls diese eines Tages beschließen, nicht mehr mitzumachen?

Vor einigen Jahren hat sich Gabor Steingart als Nichtwähler geoutet. Man reagierte allgemein empört, aber ehrlich gesagt wäre es sogar ganz gut, wenn mehr Menschen aus dem Milieu Gabor Steingarts am Wahltag zu Hause blieben, da das zumindest eine massive Verzerrung ausgleichen würde. Steingart hat jahrelang das ›Spiegel‹-Hauptstadtbüro geleitet, er war Chefredakteur und Herausgeber des ›Handelsblatts‹, nun will er auf einem 40 Meter langen Schiff mit integriertem Newsroom und Tonstudio über die Spree fahren, um von dort aus Journalismus zu betreiben. Mit anderen Worten: Er gehört zur Elite. Der überwiegende Teil der Nichtwähler stammt dagegen aus Schichten, die sich nicht einmal ein Abo der Blätter leisten können, für die Steingart gearbeitet hat. So kam eine Bertelsmann-Studie zu dem Ergebnis, dass es in den Stimmbezirken, die bei den Bundestagswahlen 2017 die niedrigste Beteiligung zu verzeichnen hatten, 70 Prozent mehr Menschen ohne Schulabschluss und 50 Prozent mehr Haushalte aus den unteren Milieus gab als in denen, wo besonders viele Menschen zur Wahl gegangen waren. Damit, so hieß es in der Untersuchung, sei das Resultat der Bundestagswahl »sozial nicht repräsentativ«.

Ein Befund, der in zahlreichen Untersuchungen bestätigt wurde und für den der Politikwissenschaftler Wolfgang Merkel den Begriff der Partizipations-Repräsentationslücke geprägt hat. »Wie jemand die Frage beantwortet, ob Wahlen etwas bringen, hängt vor allem von der Schicht ab, aus der er stammt«, sagt er mir. »Zwei Drittel der Bürger, die den unteren Schichten angehören, verneinen die Aussage. In der Mittelschicht stimmen ihr dagegen zwei Drittel zu.« Wären Nichtwähler eine Partei, hätten sie bei der Bundestagswahl 2017 die zweitstärkste Fraktion gestellt. Doch darüber, was diese 14 712 144 Menschen wünschen, fordern und fürchten, weiß man erschreckend wenig. Sicher ist nur: Sie glauben, dass es auf sie sowieso nicht ankommt.

Der Weg von der Straße in die Politik

Ich bin immer wählen gegangen, muss allerdings zugeben, dass ich mich mitunter schwer mit der Entscheidung für eine Partei getan habe. Was sagt eine einzelne Stimme aus? Dass man einer Partei inhaltlich voll und ganz zustimmt? Dass man ihren Vorsitzenden gut findet? Oder dass man eine bestimmte Koalition unterstützen oder verhindern will? Ich muss auch gestehen, dass ich es bisher erst zweimal geschafft habe, mir vor einer Wahl alle Parteiprogramme durchzulesen. Einmal habe ich anschließend eine Schautafel der verschiedenen Parteipositionen erstellt, nach Themengebieten sortiert. Danach war ich noch ratloser, denn ich sah es nun schwarz auf weiß: Für das Thema Bildung hätte ich gern eine andere Partei als für den Umweltschutz gewählt, und wie ich meine Interessen am sinnvollsten gewichte, darüber habe ich lange nachgedacht.

Mit dieser Unsicherheit bin ich nicht allein. Bei der letzten Bundestagswahl wussten einer Allensbach-Umfrage zufolge fast die Hälfte der wahlberechtigten Deutschen etwa einen Monat vor der Stimmabgabe noch nicht, wo sie ihr Kreuz setzen würden.[7] Das führt zu einer gewissen Beliebigkeit. »Gewählt habe ich bei der letzten Bundestagswahl, glaube ich, die SPD. Aber warum, weiß ich nicht mehr«, sagte eine Bürgerin in einer Gesprächsrunde des Progressiven Zentrums, eines Berliner Think Tank.

Bei einem Abendessen schelten mich Freunde dafür, dass ich, obwohl politisch sehr interessiert, keiner Partei angehöre. Sie sind in der SPD und sagen, dass es mit einer Partei wie in einer Ehe sei: Man müsse ja nicht alles am anderen gut finden. Mich überzeugt das nicht so ganz. Zumindest habe ich nicht zwischen zwei oder drei Typen hin und her überlegt und Pro-und-Contra-Listen erstellt, bevor ich mich entschlossen habe, meinen Mann zu heiraten.

Vermögenssteuer. Bildungsföderalismus. Energiewende. Organspende. Krankenversicherung. Abschiebungen. Inklusion. Lassen sich Meinungen über so unterschiedliche Themen so einfach auf eine Parteilinie bringen? Ich glaube nicht – und befinde mich damit in guter Gesellschaft. In einer Emnid-Umfrage sagten 69 Prozent, sie würden gern direkt über wichtige Sachfragen entscheiden, und 81 Prozent wünschten sich ganz neue Beteiligungsmöglichkeiten – eine Forderung, die von den Nichtwählern sogar 89 Prozent unterstützten. In eine Partei eintreten wollten die meisten nicht.

Die Shell-Studie von 2015, in der Jugendliche zu ihren Einstellungen und Erwartungen befragt wurden, bestätigte diese Ergebnisse. Unter den Heranwachsenden habe das politische Engagement stark zugenommen, allerdings würden sie »punktuell und projektorientiert« mitarbeiten wollen, hieß es. »Es ist ganz eindeutig, dass wir es nicht mit einer Politik-, sondern mit einer Parteienverdrossenheit zu tun haben«, sagt mir der Politikwissenschaftler Mathias Albert, der die Studie geleitet hat. »Bestimmte Sachthemen sind Jugendlichen sehr wichtig, aber ihnen fehlt das Vertrauen, dass sich Politiker angemessen um die Dinge kümmern, die ihnen am Herzen liegen.«

Wie wahr diese Aussage ist, zeigt sich gerade jetzt sehr deutlich.

Eines Samstags wache ich von einem lauten Sprechgesang vor unserer Schlafzimmertür auf.

»What do we want?«, ruft meine große Tochter.

»Climate justice«, antworten ihre beiden Schwestern.

»When do we want it?«, fragt sie.

»Now«, schreien sie alle zusammen.

Einen Tag zuvor war meine Tochter auf ihrer ersten »Fridays for Future«-Demo, von der sie einen weiteren Spruch mitgebracht hat: »Wir sind hier, wir sind laut, weil ihr uns die Zukunft klaut.« Ihn skandieren meine Töchter tagelang. Ich dagegen werde ziemlich still. Für die Recherche zu diesem Buch mache ich mehrere Flugreisen und frage mich, ob nicht zumindest eine davon durch eine lange Zugfahrt zu ersetzen gewesen wäre, ärgere mich aber zugleich über die hohen Preise und schlechten Verbindungen, wenn man sich für die Bahn entscheidet.

Wie stark der Klimawandel die Menschen politisiert, ist unübersehbar. Vor der Europawahl gingen Hunderttausende Schüler in insgesamt 270 deutschen Städten auf die Straße, kurz darauf ketteten sich Aktivisten der Umweltbewegung »Extinction Rebellion« ans Bundeskanzleramt. Aber auch andere Protestbewegungen gewinnen an Zulauf. Zur Demonstration gegen die geplante EU-Urheberrechtsreform im Frühjahr 2019 kamen allein in München 40 000 Personen zusammen, und die Berliner Unteilbar-Demo im Herbst 2018 hatte 240 000 Teilnehmer. Aber wie gelangen die Themen von der Straße an die Orte, wo am Ende die Entscheidungen gefällt werden?

»Wir sind mit einem Paradox konfrontiert«, schreibt

die bulgarische Politikwissenschaftlerin Albena Azmanova. »Während auf den Straßen die intensivste soziale Mobilisierung der letzten Jahrzehnte stattgefunden hat, folgt daraus nichts von Bedeutung in der Politik.«

Über die »Fridays for Future«-Demos sagte der FDP-Chef Christian Lindner nur herablassend, komplexe Themen wie der Klimawandel seien eine »Sache für Profis«, und der CDU-Politiker Paul Ziemiak spottete auf Twitter über die Galionsfigur Greta Thunberg: »Arme Greta«. Angesichts des Videos »Die Zerstörung der CDU« des 26-jährigen Youtubers Rezo, das mehr als 15 Millionen Mal angeklickt wurde, fiel der CDU-Chefin Annegret Kramp-Karrenbauer nichts Besseres ein, als sich über Meinungsmache im Netz zu beschweren.

Wie kann man dafür sorgen, dass die Impulse von unten schneller oben ankommen, wenn die alten Volksparteien offenbar nicht als Verstärker zu funktionieren scheinen?

Bislang sind Petitionen das einzige Mittel, das man in Deutschland hat, wenn man sich in die Bundespolitik einmischen will. »Jedermann hat das Recht, sich einzeln oder in Gemeinschaft mit anderen schriftlich mit Bitten oder Beschwerden an die zuständigen Stellen und an die Volksvertretung zu wenden«, heißt es im Artikel 17 des Grundgesetzes. Der Bundestag unterhält dafür sogar einen eigenen Petitionsausschuss, doch meist sind es gar nicht die großen Fragen, die an ihn herangetragen werden.

Bei 67 Prozent der Petitionen aus dem Jahr 2018 ging es um Ärger, den einzelne Menschen mit dem Jobcenter oder der Krankenkasse hatten. Öffentlich im Petitionsausschuss besprochen werden lediglich Anliegen, die binnen vier Wochen 50 000 Unterstützer gefunden haben. In den vergangenen Jahren waren darunter durchaus gesellschaftlich relevante Themen wie die schlechte Bezahlung von freiberuflichen Hebammen oder ein Tempolimit auf deutschen Autobahnen, aber einen Effekt hatten diese Petitionen nicht. Theoretisch kann der Petitionsausschuss die Bundesregierung zwar bitten, einzelne Anliegen zu berücksichtigen, aber im Jahr 2018 ist das kein einziges Mal geschehen.

Andere Beteiligungsmöglichkeiten finden sich ausschließlich auf Ebene der Bundesländer. In allen 16 Verfassungen ist direkte Demokratie festgeschrieben. In der Regel ist ein dreistufiges Verfahren vorgesehen: Volksinitiative, Volksbegehren, Volksentscheid. In Bayern werden die plebiszitären Instrumente am häufigsten und erfolgreichsten genutzt. So wurden die Forderungen des Volksbegehrens »Artenvielfalt – Rettet die Bienen« nach einem Ausbau der ökologischen Landwirtschaft und mehr Blühwiesen im Jahr 2019 direkt in ein Landesgesetz übernommen.

Dass die Bayern ihre Politiker derart vor sich hertreiben können, liegt auch daran, dass hier die Schwellen für Volksentscheide bewusst niedrig angesetzt sind. Wilhelm Hoegner, der erste bayerische Ministerpräsident nach Kriegsende, hatte im Schweizer Exil gelebt und war ein Freund der direkten Demokratie. Im Saarland dagegen sind die Auflagen so streng, dass es bislang noch niemals zu einem Volksentscheid gekommen ist. Und auf Bundesebene sind Volksentscheide nur bei einem einzigen Thema erlaubt: der Bildung eines neuen Bundeslandes. Sonst sind sie untersagt.

Und das ist schade. Eigentlich sollte sich eine Demokratie auf drei Säulen stützen. Eine deliberative Säule mit Bürgerversammlungen, eine direkte mit Volksentscheiden und eine repräsentative mit Wahlen. Doch da wir die erste Säule kaum kennen und der zweiten misstrauen, überfrachten wir die dritte. Das hat zur Folge, dass unser politisches System wackelt. Tragfähig und stabil wird es erst sein, wenn wir alle Verfahren des demokratischen Spektrums nutzen, die Last gleichmäßig verteilen und dafür sorgen, dass die eine Säule ausgleicht, was die andere nicht tragen kann. Deshalb möchte ich in diesem Buch erzählen, wie direkte und deliberative Verfahren in anderen Ländern eingesetzt werden, und erklären, wie ein Zusammenspiel in Deutschland funktionieren könnte.

DIREKTE DEMOKRATIE
oder das Geschenk der Selbstwirksamkeit

Am 4. Oktober 2013 erlebte Daniel Straub einen Moment, an den er sich, da ist er sich sicher, noch auf seinem Sterbebett erinnern wird. Mit einem Lastwagen, den er sich für einen Tag ausgeliehen hatte, fuhr er zum Bundeshaus in Bern, einem imposanten Kuppelbau, der Schweizer Parlaments- und Regierungssitz zugleich ist. Die Ladefläche hatte Straub voller Kartons, deren Inhalt, so sagt er, »wertvoller als Edelsteine« war: 126 000 Namen auf unzähligen Zetteln. All diese Menschen hatten für Straubs großen Traum von einem bedingungslosen Grundeinkommen unterschrieben, und an diesem Tag übergab Straub die Unterschriftensammlung, mit der jeder Schweizer Bürger ein Referendum erwirken kann, an die Regierung.

Als ich Daniel Straub in seinem Zürcher Büro besuche, zeigt er mir ein Foto, wie er nach der Übergabe auf den Bundesplatz tritt, im feinen Anzug, die Empfangsbestätigung durch die Luft schwenkend. Straub betrachtet das Bild eine Weile. »Da lag ein Zauber in der Luft, dass eine bessere Zukunft möglich ist.«

Daniel Straub ist Ökonom und Psychologe, er hat für IBM

gearbeitet und war für das Rote Kreuz in Afghanistan. Zuletzt gründete er eine Montessori-Schule, es gab viel Streit, und danach nahm Straub ein Sabbatical. An einem Sonntagnachmittag mit Freunden hatte er dann die Idee: »Unser Land braucht das bedingungslose Grundeinkommen.«

In Deutschland startete Ende 2008 eine Tagesmutter aus Greifswald namens Susanne Wiest eine Petition zur Einführung des Grundeinkommens, die von so vielen Menschen unterschrieben wurde, dass der Server des Bundestags kurzzeitig zusammenbrach. In den folgenden Monaten saß Susanne Wiest in etlichen Talkshows. Bis die Mitglieder des Petitionsausschusses ihr Anliegen an den Bundestag weitergaben, vergingen jedoch vier Jahre. Sie empfahlen, die Petition abzulehnen, und das geschah dann auch.

Während in Deutschland also am Ende Politiker über die wichtigen Fragen befinden, braucht ein Mensch in der Schweiz, der eine politische Idee hat, lediglich sechs Mitstreiter und 100 000 Unterschriften binnen anderthalb Jahren, und schon findet eine landesweite Volksabstimmung statt. Daniel Straub sagt, das Politischste, das er vor seinem Engagement für das Grundeinkommen gemacht habe, sei eine Jahresmitgliedschaft bei Greenpeace gewesen. »Und da habe ich nur den Mindestbetrag gezahlt.« Er war auch nie in einer Partei. Trotzdem konnte er das bedingungslose Grundeinkommen auf die politische Agenda setzen. Genau das ist es, was sich die Mehrheit der Befragten sowohl in der Bertelsmann- als auch in der Shell-Studie wünschten: Sie wollten für ein Sachthema kämpfen können, ohne deshalb gleich zum Politiker zu werden.

Den harten Kern des Schweizer Grundeinkommens-Teams bildeten Daniel Straub und ein Freund, der ursprünglich sein Badmintonpartner war. Als im April 2012 das Unterschriftensammeln losging, halfen etliche Freunde mit. Anfangs mit wenig Erfolg. »Wir haben uns in der ganzen Stadt verteilt, nur war ich dann alleine viel zu scheu, um Menschen anzusprechen.« Also verabredeten sie sich eines Samstags um 13 Uhr am Bahnhof von Solothurn und zogen wie eine Festgesellschaft gemeinsam durch die Stadt. Zwischendurch gingen sie Kuchen essen. Auch am Haus des Schriftstellers Peter Bichsel klingelte Straub. »Den wollte ich unbedingt dabeihaben, und es hat geklappt.«

Was Straub in jener Zeit von der Politik mitbekam, enttäuschte ihn. »Parteien wenden den größten Teil ihrer Energie fürs Marketing auf, und das ist bei allen so.« Und dann erzählt er von den Grünen eines Kantons, die zunächst für das bedingungslose Grundeinkommen waren, sich am Ende aber dagegen aussprachen. Sie seien, sagt Straub, in ihrem Kanton ohnehin misstrauisch beäugt worden und wollten deshalb keine Idee unterstützen, die manchen verrückt erschien.

Für das, was Straub da beobachtet hat, haben Politikwissenschaftler einen Fachbegriff. Sie sprechen von Entscheidungs- versus Darstellungspolitik. Bei der ersten geht es um die Sache, bei der zweiten um die Wirkung. Da er kein Politiker ist, konnte Straub es sich leisten, auf die Sache zu setzen, merkte mitunter aber selbst, unter welchen Zwängen Politiker stehen, wenn sie Erfolg haben wollen. Beim Unterschriftensammeln, sagt er, habe er nicht mehr als 30 Sekunden gehabt, um jemanden zum Stehenbleiben zu bewegen. »Ich habe richtig gelitten, weil ich so verkürzen musste.«

Als das Referendum im Juni 2016 stattfand, endete es mit einem Ergebnis, das im Schweizer Politiksprech als wuchtiges Nein bezeichnet wird. 76,9 Prozent der Stimmberechtigten sprachen sich gegen das Grundeinkommen aus. Eine Niederlage sei es für ihn trotzdem nicht gewesen, sagt Straub. Schließlich habe er erlebt, wie sein Herzensanliegen wochenlang die öffentliche Diskussion bestimmte. »Allein dadurch ist unsere Idee in der Welt angekommen.«

Keine Angst vor Referenden

Wenn Menschen die Überzeugung haben, etwas ausrichten zu können, sprechen Psychologen von Selbstwirksamkeit. Die direkte Demokratie hat Daniel Straub eine grandiose Selbstwirksamkeitserfahrung beschert. Und hätten mehr Menschen seine Haltung geteilt, wäre das Grundeinkommen tatsächlich eingeführt worden – auch gegen den Willen der Politiker. Dass Daniel Straub trotz der Ablehnung nicht das Gefühl hat, verloren zu haben, liegt daran, dass man zwar leicht eine Wut auf Politiker bekommt, die ein Thema aus Ignoranz oder Machtkalkül links liegen lassen, doch schwerlich einen Groll gegen sämtliche Mitmenschen entwickelt, nachdem ein Thema in einem fairen und transparenten Verfahren einfach keine Mehrheit gefunden hat.

Dass es in der Bundesrepublik Deutschland bisher noch

keine nationale Volksabstimmung gab, hat auch mit Angst zu tun. Theodor Heuss hat Plebiszite einst als »Prämie für jeden Demagogen« bezeichnet, und die Ansicht, die Weimarer Republik sei an zu viel direkter Demokratie zugrunde gegangen, ist weit verbreitet. Bei genauerem Hinsehen entpuppt sich diese Einschätzung als falsch: Zwar erlaubte der Artikel 73 der Weimarer Reichsverfassung Volksentscheide, aber tatsächlich gab es nur zwei, die beide scheiterten. Trotzdem stoßen Volksabstimmungen in Deutschland immer noch auf Ablehnung, und wenn ich in Gesprächen die Vorzüge direkter Demokratie lobe, gibt es drei häufige Reaktionen:

- (ironisch) Hmm, genau, das sieht man ja am Brexit.
- (entsetzt) Aber genau das will doch die AfD!
- (besorgt) Ganz ehrlich, bei einigen Leuten bin ich echt froh, dass die nicht mitentscheiden …

Um der Reihe nach auf diese Einwände zu reagieren:

Der Brexit taugt nicht als Beispiel, wie Bürger sinnvollerweise an Sachentscheidungen beteiligt sein sollten, sondern führt eher vor, wie es nicht gemacht werden darf. Oder wie die ehemalige Bundesverfassungsrichterin Gertrude Lübbe-Wolff es formuliert: »Beim Brexit hat fast alles gefehlt, was an Regeln für gut funktionierende direkte Demokratie nötig ist.«

Zunächst einmal war direkte Demokratie in Großbritannien überhaupt nicht eingeübt, als man die Brexit-Entscheidung anberaumte. Während in der Schweiz seit 1848 mehr als 600 Referenden und Volksinitiativen stattgefunden haben, gab es in Großbritannien bis 2016 nur zwei landesweite Referenden.

Zweitens konterkariert die Tatsache, dass der damalige Premier David Cameron auf die Gegenstimmen der Briten spekulierte, als er die Volksabstimmung anberaumte, den Sinn und Zweck von direkter Demokratie. Bei einem Referendum geht es darum, die Macht des Volkes zu stärken. Cameron wollte dagegen nur seine eigene Stellung sichern.

Drittens, und darauf macht mich Gertrude Lübbe-Wolff aufmerksam, war die Frage unglücklich gestellt. »Man hätte zuerst zur Abstimmung stellen müssen, ob ein Austrittsantrag gestellt werden soll. Über den Austritt selbst kann vernünftigerweise erst entschieden werden, wenn die Bedingungen klar sind.«

Viertens fiel das Ergebnis mit 51,9 zu 48,1 Stimmen denkbar knapp aus, und auch die Wahlbeteiligung lag nur bei 72,2 Prozent. Was fehlte, waren sinnvolle Beteiligungs- und Zustimmungsquoren.

Fünftens: Das Referendum war von oben angeordnet. Direkte Demokratie hingegen ist dadurch gekennzeichnet, dass die Themen von unten kommen. Selbst in der aktuellen verfahrenen Lage haben die Briten keine Chance, durch ein Volksbegehren eine zweite Abstimmung auszulösen.

Fünf gute Gründe also, warum der Brexit eine Katastrophe war, jedoch kein einziger Grund, der gegen direkte Demokratie an sich spricht.

Da ist noch das zweite Argument, das viele Deutsche gegen Volksabstimmungen vorbringen: die AfD. Kann ich noch guten Gewissens für direkte Demokratie sein, nachdem die AfD sie ebenfalls propagiert? Meine Gegenfrage: Sollen wir alles, was die AfD gut findet, aus Prinzip ablehnen? Und muss ich jetzt weniger Demokratie fordern, nur weil die AfD mehr will?

Den dritten Einwand gegen direkte Demokratie finde ich am spannendsten, da er unser Menschenbild berührt. Ist es überhaupt wünschenswert, dem einzelnen Bürger mehr Macht und Entscheidungsgewalt zu geben, oder laufen wir Gefahr, dass dann ein wild gewordener Mob das Land kaputt schlägt?

Um darüber zu reden, besuche ich in Bern einen Mann, der sich beruflich genau solchen Überlegungen widmet.

Marc Bühlmann ist Professor für Politikwissenschaften und ein beliebter Gesprächspartner, wenn es um direkte Demokratie geht. Schon die Formulierung meiner Frage – ob normale Menschen denn fähig seien, gute Entscheidungen zu treffen – weist er freundlich, aber bestimmt zurück. »Wer sind wir denn, dass wir wissen, was eine gute Entscheidung ist?«

Marc Bühlmann ist einer, der sich gern zwischen die Stühle setzt. Er sagt, er könne weder mit der partizipatorischen noch mit der elitistischen Demokratietheorie viel anfangen. Erstere schwört auf Bürgerbeteiligung, und das möglichst häufig und umfassend. Repräsentation erscheint ihren Anhängern höchstens als Krücke. In Extremform kann diese Position bei Jean-Jacques Rousseau nachgelesen werden. »Von dem Augenblick an, wo ein Volk sich Vertreter gibt, ist es nicht mehr frei; es ist nicht mehr«, schreibt er in seinem ›Gesellschaftsvertrag‹. Die elitistische Demokratietheorie hält die Masse der Menschen dagegen für komplett unfähig. Bei politischen Fragen, so schreibt Joseph Schumpeter, werde der Bürger »infantil« und »primitiv«. Repräsentation erscheint hier als alternativlos.

Marc Bühlmann weist darauf hin, dass diese zwei Ansätze bei aller Unterschiedlichkeit eine Grundannahme teilen: »Sie gehen davon aus, dass es bei einer strittigen Frage a priori eine gute und richtige Entscheidung gibt.« In dem einen Modell kristallisiert sich diese durch klüngelhafte Beratungen einer politischen Elite heraus, im anderen glaubt man, es gebe einen einheitlichen Volkswillen, der sich in einem Referendum spontan und emotional artikuliert. Aber das stimme beides nicht, sagt Marc Bühlmann. »Demokratie ist die fortwährende Suche nach Entscheidungen, die stets nur vorläufig sind und nicht richtig oder falsch sein können.« Deshalb schätzt er das kombinatorische Modell der Schweiz, in dem Entscheidungen sowohl vom Parlament als auch vom Volk getroffen werden und zwischen beiden ein fein justiertes Zusammenspiel herrscht. Macht etwa ein Bürger einen Vorschlag, der es bis an die Urne schafft, darf das Parlament ihm einen Gegenvorschlag unterbreiten. Und falls dieser dem Bürger zusagt, kann er seine Initiative zurückziehen.

Wie sehr Bühlmann dieses genaue Hinsehen, Austarieren und Abwägen verinnerlicht hat, merke ich, als ich mit ihm über den Brexit rede. Bühlmann ist kein konservativer Nationalist, seine politischen Vorlieben würde ich eher links der Mitte verorten, und trotzdem sagt er: »Keiner von uns weiß, was es auf längere Sicht für Folgen hat, wenn England die Staatengemeinschaft verlässt. Vielleicht führt der Brexit zu zentralen Reformen in der EU, vielleicht schweißt er die übrigen Länder zusammen, vielleicht kehrt Großbritannien in ein paar Jahren zurück.« Vielleicht, vielleicht, vielleicht. Das Gegenteil des deutschen Rigorismus und der kurzatmigen und schnell überschnappenden Empörungsbereitschaft, die deutsche Brexit-Debatten häufig haben.

Und vielleicht kommt diese politische Buddha-Haltung auch daher, dass Marc Bühlmann erfahren hat, wie es ist, wenn alles anders kommt, als man denkt.

1992 stimmten die Schweizer über den Beitritt zum Europäischen Wirtschaftsraum ab, und eine knappe Mehrheit sprach sich dagegen aus. Für ihn sei damals eine Welt zusammengebrochen, sagt Marc Bühlmann. Er hatte sich eine Öffnung gewünscht, politisch und geistig, und seine Mitbürger entschieden sich für etwas, das ihm wie die absolute Abschottung vorkam. »Ich dachte, ich muss das Land verlassen.« Dann folgten eine Wirtschaftskrise, die engere Zusammenarbeit erforderte, und verschiedene bilaterale Abkommen, kurz: der Schweizer Sonderweg, den manche als Königsweg bezeichnen und andere als Rosinenpickerei. Und Bühlmann selbst, denkt er inzwischen anders über die Abstimmung? Er lacht. »Ich bin auf jeden Fall noch hier.« Am Ende kommt er auf meine Ursprungsfrage zurück. »Wer denkt, dass Bürger nicht in der Lage sind, Entscheidungen zu treffen, der kann gleich zur Monarchie zurückkehren.«

Aber auch das Schweizer Modell halten mir Menschen gelegentlich als abschreckendes Beispiel vor, wenn ich mit ihnen über direkte Demokratie diskutiere. »Ja, aber das Minarettverbot«, sagen sie dann – und haben natürlich recht. Dass der Bau von Minaretten auf Moscheen 2009 per Referendum verboten wurde, ist ein beunruhigendes Zeichen von Ausgrenzung und mangelnder Toleranz, und die Plakatkampagne der Schweizer Volkspartei (SVP), die Minarette zeigte, wie sie raketengleich eine Schweizer Fahne durchbohren, war widerlich. Darüber hinaus ist es höchst fragwürdig, dass Parteien wie die SVP Initiativen lancieren, weil dieses Werkzeug eigentlich den Bürgern dienen soll. Auch Marc Bühlmann findet das Verbot unsäglich, aus politikwissenschaftlicher Sicht erfüllt es seiner Meinung jedoch einen Zweck, da es diffuse Ängste der Bevölkerung einhege. »Volksinitiativen haben mitunter Ventilfunktion. Und mir ist es lieber, dass Minarette verboten werden, als dass Molotowcocktails auf Asylantenheime geworfen werden.«

Ich wünschte mir, wir hätten in Deutschland nicht diesen selektiven Blick für alles Negative, wenn es um direkte Demokratie geht. Wer von denen, die sich völlig zu Recht über das Minarettverbot empören, hat von weiteren Initiativen zumindest gehört? 1971 wurde der Umweltschutz per Volksabstimmung in die Schweizer Verfassung geschrieben, 1979 erzwangen Bürger ein Referendum über den Ausstieg aus der Kernenergie, das mit 48,8 Prozent zwar knapp scheiterte, aber zumindest eine sehr frühe Diskussion über die Gefahren der Atomenergie bewirkte. Und 1989 ging eine Volksinitiative zur Abschaffung der Armee an den Start. Die meisten dachten, sie würde krachend scheitern; schließlich schien die Armee genauso untrennbar mit der Schweiz verbunden zu sein wie Schokolade. Am Ende stimmten 35,6 Prozent dafür. Eine echte Überraschung für die Politiker und Anlass für umfassende Reformen wie die Einführung des Zivildienstes.

In den vergangenen Jahren haben die Schweizer Initiativen zu Wanderwegen, autofreien Sonntagen und einer Verlängerung der Sommerferien eingebracht. Einige sind geglückt, die anderen haben ihre Initiatoren zumindest politisiert. So wie Armin Capaul.

Ein Staat, der auf seine Bürger hört

Ich besuche Armin Capaul an einem Frühlingstag auf seinem einsamen Bergbauernhof im Berner Jura. An seiner Tür gibt es keine Klingel, sondern man muss an einer großen Kuhglocke läuten. Wir setzen uns auf die Terrasse, und Capauls Hündin legt sich dazu. Er hat sie erst vor einigen Wochen bekommen, und für eine Wachhündin fand er sie anfangs beunruhigend zutraulich. »Aber heute hat sie endlich mal gebellt«, sagt Armin Capaul zufrieden und steckt sich die erste von vielen selbst gedrehten Zigaretten an diesem Nachmittag an.

Armin Capaul, der früher ein wildes Partyleben in Zürich führte, sagt, er sei Bauer geworden, um mit Natur und Tieren zu kommunizieren. Zunächst hütete er auf einer Alp

Ziegen, stellte jedoch schnell fest, dass es sich mit Geißen in der Nähe nicht gut meditieren lässt. Kaum hatte er sich im Schneidersitz ins Gras gesetzt, sprangen sie schon wieder woanders hin. »Die glauben immer, das Gras sei woanders grüner.« Eine Lebenseinstellung, die Capaul missfällt. Esel mag er, findet sie jedoch auch ein bisschen unberechenbar. Gerade heute ist einer seiner Esel so losgeprescht, dass er Capaul, der ihn an einem Strick hielt, fast hinter sich hergeschleift hätte. Kühe, sagt er, seien dagegen unendlich geduldig, und nach getaner Arbeit sitzt er oft auf einem Holzbänkchen bei ihnen im Stall. »Sie fressen, und ich denke über das Leben nach.«

Wir verlassen die Terrasse und gehen zum Kuhstall, und Capaul spricht über die Tiere wie andere über Menschen. Marianne, sagt er, sei leider depressiv geworden und am Ende gestorben. Gerade weil Kühe so empfindsam sind, empört es ihn umso mehr, wie Menschen mit ihnen umgehen. Besonders wütend macht es ihn, dass vielen Kühen die Hörner entfernt werden, da man fürchtet, sie würden andere Tiere oder Menschen sonst verletzen. »Aber man schlägt einem Menschen ja auch nicht die Arme ab«, sagt Capaul, der neben einer Kuh steht und sie krault. Er sieht mich an. »Komm, fass mal an.« Die Hörner der Kuh sind warm wie ein Taschenwärmer, und Capaul sagt, sie seien durchblutet und mit Nerven durchzogen, und Kühe bräuchten sie, um sich Respekt zu verschaffen. Dafür reiche schon eine Bewegung mit dem gehörnten Kopf. »Eine Kuh ohne Horn, die weiß, dass ihr etwas fehlt.«

2012 schickte Capaul von seinem Bergbauernhof aus einen Appell an die Berner Politiker: Lediglich jede zehnte Schweizer Kuh habe noch Hörner – höchste Zeit, etwas zu unternehmen! Capaul schlug eine Prämie für alle Bauern vor, die ihren Kühen die Hörner lassen. Zwei Politiker meldeten sich zurück. Ein sympathisches Anliegen, fanden sie, doch das Parlament sagte Nein. In Deutschland wäre die Geschichte damit zu Ende, genauso werden Petitionen oft abgebügelt. In der Schweiz ging es erst richtig los. Capaul fragte seinen Sohn, ob er sich eine Zeit lang um die Kühe auf dem Hof kümmern könne, er selbst müsse etwas für alle übrigen Schweizer Kühe tun. Dann wandte er sich an die Bundeskanzlei, Sektion Politische Rechte, die Bürger unterstützt, wenn sie eine Volksinitiative starten wollen.

An Armin Capaul erinnere sie sich gut, sagt mir Barbara Perriard, als ich sie eines Morgens im Berner Bundeshaus besuche. Seit 2010 leitet sie die Sektion mit den insgesamt zwölf Mitarbeitern. Vor unserem Gespräch führt sie mich auf die Dachterrasse und zeigt mir von dort aus die Aare, einen Fluss mit starker Strömung, in den einige ihrer Kollegen einmal die Woche springen, ganz egal wie das Wetter ist. Anschließend geht sie mit mir in den Keller, wo sie ihr Büro hat. Ihren Job beschreibt sie so: »Wir begleiten Volksinitiativen von der Wiege an.«

Diesen Satz muss man sich mal auf der Zunge zergehen lassen. Da findet ein Staat den Drang seiner Bürger nach Selbstbestimmung nicht lästig, sondern bestärkt sie sogar noch darin. Zunächst muss man Initiativtext und -titel einreichen. Beides wird von der Bundeskanzlei kontrolliert, vom Bundeskanzler unterschrieben und im Bundesblatt veröffentlicht. Damit ist die Volksinitiative lanciert, und von diesem Moment an haben die Initiatoren 18 Monate Zeit, um die 100 000 Unterschriften zu sammeln. Die Vorabprüfung durch Barbara Perriard und ihre Mitarbeiter ist eine politisch hochsensible Angelegenheit. »Wir unterstützen Bürger darin, das zu verschriftlichen, was sie sagen wollen. Auf keinen Fall dürfen wir sie beeinflussen. Aber wenn der Text missverständlich oder fehlerhaft ist, müssen wir sie darauf hinweisen.« Manchmal ist das eine Gratwanderung, vor allem aber erfordert diese Arbeit großen Respekt vor Andersdenkenden, denn natürlich haben sie es in der Bundeskanzlei immer wieder mit Vorhaben zu tun, die ihren eigenen politischen Ansichten komplett zuwiderlaufen. Das dürfe keinerlei Rolle spielen, sagt Barbara Perriard, die in den vergangenen Jahren die Lancierung von 109 Volksinitiativen aus den unterschiedlichsten Lagern begleitet hat. »Ich bin Fürsprecherin der Volksrechte und diese gelten für alle.«

Armin Capaul hat lange an Text und Titel gefeilt. Schließlich wählte er den Namen: Für die Würde der landwirtschaftlichen Nutztiere, kurz: Hornkuh-Initiative. Als ich ihn besuche, frage ich ihn vorsichtig, ob er darüber nachgedacht habe, dass bei einer Annahme seiner Initiative die Sache mit den Hörnern in die Verfassung gekommen wäre. Mit dieser Frage will ich, ohne unhöflich zu sein, herausfinden, ob Capaul nicht doch leise Zweifel gehegt hat: Gehört dieser 30 Zentimeter lange knöcherne Zapfen wirklich in so ein ehrwürdiges Buch? »Klar, wieso denn nicht, die Verfassung ist ja nicht sehr dick, da ist genug Platz«, sagt Capaul.

Eine sehr pragmatische Sichtweise.

»Wir haben nicht diese Scheu im Umgang mit unserer Verfassung«, bestätigt Barbara Perriard. »Sie ist etwas sehr Mobiles und im Prinzip schreiben wir sie alle drei Monate um.«

Ganz anders in Deutschland. Wann immer hier die Frage nach Identität und Heimatliebe aufkommt, nach all diesen heiklen Themen, mit denen die Feuilletons mitunter tagelang gefüllt sind, kommt irgendwann der Punkt, an dem jemand versucht, die vertrackte Diskussion mit einem Hinweis auf das Grundgesetz zu retten: Wir sind halt Verfassungspatrioten, und wenigstens auf unser Grundgesetz können wir uns einigen. Als Lehre aus der Vergangenheit ist seine Änderung mit hohen Hürden belegt und nur mit einer Zweidrittelmehrheit in Bundestag und Bundesrat möglich. Unvorstellbar, dass Bürger wie in eine Kladde reinschreiben dürfen, was ihnen auf dem Herzen liegt.

Am 24. September 2014, dem Tag direkt nach der Lancierung seiner Initiative, kommt Armin Capaul abends mit 15 Unterschriften auf seinen Bauernhof zurück. Ein guter Anfang, findet er. »Ich bin ein schüchterner Mensch.« Seine Frau sieht das anders. »Wenn du morgen nicht 100 Unterschriften hast, musst du hier gar nicht wieder auftauchen.« Capaul nickt und nimmt sich vor: »Ich mache das nicht als Mensch, sondern als Stimme der Kuh.« Schon bald ist er mehrere Tage in der Woche mit seinem VW-Bus unterwegs, nachts schläft er in den Bergen, tags geht er in die Städte runter, an seinem Rekordtag erhält er 250 Unterschriften. Er beginnt, den Menschen Kopien der Unterschriftenliste mitzugeben, und nach kurzer Zeit kommen so viele Briefe auf seinem Bauernhof an, dass sie nicht mehr in den kleinen gelben Briefkasten vor der alten Scheune passen. Von da an hupt der Briefträger morgens oben an der Straße, und Capaul geht hinauf und kommt Tag für Tag mit ganzen Packen von Briefen zurück, die wie Altpapier zusammengebunden sind. Als er noch eine Verlosung unter denjenigen veranstalten will, die ihre Unterschrift geben, habe sie ihn stoppen müssen, sagt Barbara Perriard. »Das war sicherlich gut gemeint, ist aber nicht zulässig.«

Insgesamt sammelt Armin Capaul 119 626 gültige Unterschriften. Am 25. November 2018, dem Tag der Abstimmung, ist er in der ganzen Schweiz als Hornkuh-Mann bekannt. Landauf, landab diskutieren die Menschen über das Kuhhorn. Biologen, Tierärzte, Bauern melden sich zu Wort, die ›New York Times‹ berichtet, das dänische Fernsehen kommt zu Besuch, ein Journalist aus Kenia ruft an. An der Urne wird Capauls Vorschlag am Ende abgelehnt, aber nur ganz knapp: Immerhin 45,3 Prozent stimmen für Capauls Initiative.

Im Berner Jura wird es Abend. Armin Capaul zückt ein Tuch, wischt sein Meditationsbänkchen im Stall sauber und setzt sich. Gerade hat er einen Moment Ruhe, doch das könnte sich bald ändern. Capaul denkt nämlich darüber nach, als parteiloser Abgeordneter für das Parlament zu kandidieren. Als Stimme der Kuh und der Natur in der Schweizer Politik.

REDEN LERNEN

Für mich ist Armin Capaul ein Paradebeispiel dafür, was direkte Demokratie vermag. Ein Bergbauer schafft es mit seinem Anliegen in die Bundespolitik, über die Berechtigung seiner Forderung befinden die Bürger, und dabei geht es um ein Thema, das die Politiker gar nicht auf dem Schirm hatten. »Einer der großen Vorzüge der direkten Demokratie ist, dass man die Programmatik der Parteien punktuell durchbrechen kann«, sagt die frühere Bundesverfassungsrichterin Gertrude Lübbe-Wolff, als ich mit ihr über die Hornkuh-Initiative rede. »In der rein repräsentativen Demokratie kann man nur fertig geschnürte Pakete kaufen, die in Koalitionsverhandlungen dann manchmal umgepackt werden, obwohl man es anders gekauft hatte.«

Natürlich kann man Scherze darüber machen, ob das Horn der Kuh wirklich zu den Dingen gehört, über die man in Zeiten von Terrorismus, künstlicher Intelligenz und weltweiten Dürren diskutieren muss. Aber in der Schweiz reicht es, dass 100 000 der etwa 8,5 Millionen Einwohner das Thema wichtig finden, und schon diskutiert man ernsthaft darüber.

Der Aufwand, der von staatlicher Seite dabei betrieben wird, ist enorm. Noch am selben Tag, an dem Daniel Straub und Armin Capaul ihre Unterschriftensammlungen im Bundeshaus abgegeben hatten, wurden diese an einen geheimen und sicheren Ort gebracht, wo Mitarbeiter der Bundeskanzlei sie nachzählten und überprüften. Alles, was dann passiert, folgt einem minutiösen Plan. Zunächst gibt es einen Stichtag, bis zu dem die Politiker einen Gegenvorschlag machen dürfen. Wird dieser von den Initianten abgelehnt, ist genau festgelegt, wann die Volksabstimmung abzuhalten ist. Tatsächlich sind schon jetzt bis ins Jahr 2038 jeweils vier Tage pro Jahr festgelegt, an denen die zukünftigen Referenden stattfinden müssen. Damit will man vermeiden, dass Politiker versuchen, Abstimmungen zu beeinflussen, indem sie diese in eine bestimmte Zeit legen und damit womöglich von einer momentanen Stimmung in der Bevölkerung profitieren. »Damit direkte Demokratie funktioniert, braucht es klare Spielregeln für alle Beteiligten und ein formalisiertes und nachvollziehbares Verfahren«, sagt Barbara Perriard.

Untrennbar mit dem Schweizer System verbunden sind die roten Abstimmungsbüchlein, die in der Bundeskanzlei entstehen und vor jedem Referendum in sämtlichen Briefkästen des Landes landen. Ihr Aufbau ist stets gleich: Auf zwei Seiten gibt es allgemeine Informationen zum Thema, auf zwei Seiten stellen die Initianten ihre Position dar, auf zwei Seiten kontert der Bundesrat. Bei Capauls Initiative stand dort zum Beispiel, wie viele Schweizer Kühe ohne Hörner sind, warum sie entfernt werden und wie man dabei vorgeht. Capaul und seine Mitstreiter erläuterten ihre Gründe, der Bundesrat schilderte seine Einwände. Wie zum Beispiel, dass die Prämie für Bauern bis zu 30 Millionen Franken im Jahr kosten würde, die dann anderswo in der Landwirtschaft fehlen würden, und dass behornte Kühe wegen erhöhter Verletzungsgefahr im Stall häufiger angebunden seien als nicht behornte, was dem Tierwohl auch nicht zuträglich sei.

Für und wider, einerseits, andererseits, man kann es so oder so sehen – die Abstimmungsbüchlein schaffen die sachliche Grundlage für Referenden und setzen so manchen entgleisten Diskurs wieder auf die Schienen. Für mich verkörpern sie die hohe Kunst der Demokratie, weil hier Pro und Contra zu Wort kommen dürfen, aber die Bundeskanzlei korrigierend eingreift, sobald einer die Unwahrheit sagt. Zuspitzen dürfe man, krass wahrheitswidrig dürften die Aussagen nicht sein, sagt Barbara Perriard. Ich denke an die Behauptungen, die vor dem Brexit-Referendum aufgestellt wurden. Zum Beispiel, dass das Land wöchentlich 350 Millionen Pfund an die EU zahle und dieses Geld nach einem Ausstieg dem britischen Gesundheitssystem zugutekommen würde. Im Abstimmungsbüchlein wäre so ein Satz wohl rausgeflogen.

Warum übernehmen wir also nicht einfach alles, was sich in der Schweiz so bewährt hat? Wieso geben wir Bürgern nicht die Möglichkeit, Volksinitiativen zu starten, und haben damit unsere Demokratie repariert?

Obwohl ich ein Fan des Schweizer Systems bin, glaube ich nicht, dass Referenden ausreichen würden, um unser System zukunftstauglich zu machen. 2010 fand in Hamburg eine Volksabstimmung statt, ob Kinder länger zur Grundschule gehen sollten. Die Nein-Stimmen überwogen. Allerdings hatte die Wahlbeteiligung nur bei 39 Prozent gelegen, und mitgemacht hatten vor allem bildungsbeflissene Familien aus den wohlhabenden Stadtteilen, die ihr Kind gern früh aufs Gymnasium schicken wollen. Menschen aus ärmeren Gegenden blieben der Abstimmung fern. Ein ähnliches Muster zeigt sich bei Volksabstimmungen in der Schweiz. Auch hier sind es eher die Angehörigen der oberen Einkommensklassen, die zur Urne gehen. In einem zentralen Punkt haben Volksabstimmungen also dasselbe Problem wie Wahlen: Bestimmte Schichten bleiben außen vor.

Es gibt aber noch einen weiteren Grund, warum ich glaube, dass mehr direkte Demokratie allein unser System nicht richten kann.

Die Schweiz besteht aus vier unterschiedlichen Sprachregionen, insofern hat man in diesem Land Erfahrung damit, wie es ist, sich nicht zu verstehen. Selbst in Zeiten, in denen anderswo die Religionskriege tobten, ist die Schweiz nicht auseinandergebrochen – und das, obwohl es sowohl sehr katholische als auch evangelisch-reformierte Kantone gibt. Als ich einmal eine Schweizer Talkshow schaue, staune ich. Zwar verstehe ich nur die Hälfte, aber offenbar hat man keine Kontrahenten eingeladen, sondern eine Gruppe von Gleichgesinnten, vielleicht sogar Freunden. Was für eine interessante Idee für ein Format! Ich werde schnell aufgeklärt: »Die sind sich überhaupt nicht einig, das ist richtig kontrovers.« Und richtig kontrovers bedeutet in der Schweiz, dass man sein Gegenüber dennoch ausreden lässt und zwischendurch mal anlächelt.

»Wir werfen hier mit Wattebällchen«, sagt Marc Bühlmann.

Dieses Streben nach Konsens zeigt sich auch darin, dass es keine Opposition gibt. Das sogenannte Konkordanzprinzip besagt, dass sämtliche Parteien nach einem bestimmten Schlüssel zusammen die Regierung bilden. Man kann es sich also gar nicht leisten, nur zu polarisieren, sondern muss kooperieren.

Deutsche dagegen loten lieber Unterschiede als Gemeinsamkeiten aus und neigen dazu, jede Bodendelle gleich zu einem Graben zu vertiefen. Als Psychologin muss ich, wenn ich mir Debattenverläufe hierzulande ansehe, oft an Borderline-Patienten denken. Massive Abwertung des anderen. Ein rigides Denken. Freund-Feind-Schemata. Geistige und emotionale Reife zeichnet sich jedoch dadurch aus, dass man Ambivalenz aushält. Da uns das augenscheinlich momentan sehr schwerfällt, würde es die Polarisierung wahrscheinlich noch verschärfen, wenn man die Instrumente der direkten Demokratie von heute auf morgen in Deutschland einführen würde. Demokratie ist kein Baukastensystem, aus dem man einzelne Methoden entnimmt, und deshalb müssen wir die Reparatur unseres Systems ganzheitlicher angehen und erst einmal eine andere Redekultur entwickeln.

Wie schlecht es um sie derzeit bestellt ist, lässt sich ausgerechnet an dem Ort besichtigen, der seinem Namen nach für das Gegenteil stehen sollte. Das Wort Parlament kommt aus dem Französischen, *parler* bedeutet reden, doch das findet im Bundestag kaum statt.

»Da beugten sich Männer lachend über Displays, feixten

mit dem Rücken zum Podium, ballten sich in Grüppchen. Nicht nachlässig war das, sondern offensiv vorgetragene und durch Rufe ins Plenum unterstützte Missachtung«, schreibt Roger Willemsen, der den Abgeordneten ein Jahr lang von der Besuchertribüne zugesehen hat, in seinem Buch ›Das Hohe Haus‹. An anderer Stelle heißt es: »Lammert ermahnt die Abgeordneten erneut, ihre ›sonstigen‹ Gespräche außerhalb des Saals zu führen. Von der Besuchertribüne flammt zu diesen Worten erstmals Applaus auf. Da staunt selbst der Präsident: Nie war die Zustimmung so groß wie im Augenblick, da das Parlament ermahnt wurde, Parlament zu sein.« Und schließlich schreibt er: »Im Parlament gibt es kaum Fragen, die dem Informationsbedürfnis und nicht der Bloßstellung und Polemik geschuldet sind. (…) Auch in der ›Fragestunde‹ ist dies kein fragendes, skeptisches, selbstkritisches System, sondern ein behauptendes.«

Überraschend ist das nicht. Meist werden im Plenum Dinge besprochen, über die längst anderswo entschieden wurde, die Opposition hat keine Chance, sich durchzusetzen, und es herrscht eine Atmosphäre des Gegeneinanders. So erzählte Thomas Sattelberger, ein ehemaliger Topmanager, der erst mit 67 Jahren in die Politik ging und nun für die FDP im Bundestag sitzt, in einem Interview mit der ›Zeit‹, dass seine Parteikollegen ihn zurechtwiesen, als er für einen Antrag der Grünen stimmen wollte, der fast deckungsgleich mit der FDP-Position war. »Ich sagte: ›Warum unterstützen wir das nicht? Die fehlende liberale Note, die machen wir in der Plenarrede und im Ausschuss deutlich.‹« Seine Fraktion war dagegen.

Kann man es Menschen verdenken, dass sie den Glauben an Politiker verlieren, solange diese sich so verhalten, als sei es ihre dringlichste Aufgabe, sich gegenseitig das Leben schwer zu machen?

Wenn Politiker mal nicht recht haben müssen

Eines Sonntags verabrede ich mich in Hamburg mit Claudine Nierth. Sie ist Künstlerin und hat 1988 den Verein »Mehr Demokratie« mitbegründet, der für den bundesweiten Bürgerrat verantwortlich ist. Als ihr politisches Initiationsereignis bezeichnet Claudine Nierth eine Menschenkette, an der sie im Alter von 16 Jahren teilnahm. 108 Kilometer lang, zwischen Ulm und Stuttgart, und Claudine Nierth sagt, das Wissen, dass sofort eine Lücke entstehen würde, wenn sie nur einen Moment loslasse, habe sie geprägt. Für mich ist Claudine Nierth einer der Menschen, von deren Sorte wir dringend mehr brauchen. Bei unseren Begegnungen hat sie mir schon genauso begeistert von einem Gespräch mit Andrea Nahles wie von einer Rede Horst Seehofers erzählt, in einem Moment spricht sie voller Anerkennung über Wolfgang Schäuble und im nächsten lobt sie die Grünen. Politik, und das ist das Besondere, ist für Claudine Nierth nicht das Trennende, sondern immer das Verbindende.

In Hamburg berichtet sie mir von den Parteitagen, die sie in den vergangenen Monaten besucht hat. Bei der CDU habe sie Stärke und Stolz gefunden, die SPD habe berechtigte Ängste und Sorgen thematisiert, die CSU habe Bodenständigkeit und Tradition verkörpert. Und dann waren da noch die Grünen, bewegt und überraschend, und die FDP, smart wie ein Start-up. »Weißt du, was mir da aufgefallen ist?«, fragt mich Claudine Nierth. »Ich finde mich in all diesen Parteien wieder.«

Als ich anschließend durch Hamburg laufe, vorbei an den EU-Wahlplakaten, denke ich, dass Claudine Nierths Bericht wie die Umkehrung von Kurt Tucholskys Geschichte ›Ein älterer, aber leicht besoffener Herr‹ ist. Darin zieht ein Mann los, um, wie er sagt, »det deutsche Volk bei de Wahlvorbereitung« zu studieren. »Jestern morjen sach ick zu Elfriede, wat meine Jattin is, ick sahre: ›Elfriede!‹ sahr ick, ›heute is Sonntach, ick wer man bißken rumhörn, wat die Leite so wählen dhun, man muß sich auf den laufenden halten‹ (...).« Er zieht von Partei zu Partei, hört viele dümmliche Parolen, die einander widersprechen, gröhlt sie alle mit und kommt sternhagelvoll nach Hause zurück.

Claudine Nierth sieht dagegen die Stärken einer jeden Partei. Wie wäre es, wenn man das zum Leitgedanken machen und die Abgeordneten nicht gegeneinander antreten, sondern gemeinsam nachdenken lassen würde?

Wie das geht, zeigte die vierstündige Bundestagssitzung im Jahr 2014 zum Thema Sterbehilfe. Für sie waren die Abgeordneten vom Fraktionszwang befreit, und prompt war es eine wahre Freude, ihnen zuzuhören. Eröffnet wurde die Debatte von einem CDU-Politiker, der erzählte, dass sein Vater an Krebs erkrankte, als er selbst noch ein Baby war, und wie dieser mit seiner Krankheit und er selbst mit seinem kranken Vater lebte. Kurz darauf sprach ein Abgeordneter der Linken darüber, wie sein Bruder an einem Gehirntumor starb, aber in den neun Jahren seiner Krankheit nie den Wunsch nach assistiertem Suizid geäußert hatte, vielleicht auch da seine Familie ihn zu Hause pflegen konnte und auch sein Arbeitgeber ihn unterstützte. Eine Parteikollegin berichtete hingegen, ihren Vater habe, an Alzheimer erkrankt, fast blind und taub, jeder Lebensmut verlassen und er habe keinen anderen Weg gesehen, selbstbestimmt zu sterben, als die Nahrung zu verweigern. Sich den Tod so ertrotzen zu müssen, das sei kein würdiges Ende gewesen, sagte sie.

Die Debatte war nicht nur deshalb so gut, weil die Politiker persönlich wurden, sondern auch weil sie Unsicherheit, Zweifel und Ambivalenz zuließen. Eine Abgeordnete sagte, dass ihr die Vorbereitung auf eine Rede niemals so schwergefallen sei wie an diesem Tag, und die Vertreter der übrigen Parteien höhnten nicht, wie sie es sonst tun, sie applaudierten. Eine weitere Parlamentarierin sagte sehr ehrlich, dass sie sich bislang noch keine endgültige Meinung gebildet habe. Einige Politiker sprachen darüber, dass sie Sorge hätten, eine Tür zu öffnen, durch die auch Menschen geschoben würden, die eigentlich gar nicht wollten. Sie redeten von ihrer Angst, dass Menschen, die arm und einsam seien, keinen Ausweg mehr sähen als den Suizid. Doch dann erzählt die Grünen-Politikerin Lisa Paus, wie sie kurz vor ihrer ersten Anhörung im Bundestag den Anruf bekam, dass ihr Lebensgefährte an Lungenkrebs erkrankt sei. Die nächsten vier Jahre sei er todkrank gewesen, und obwohl er nicht allein war, obwohl sie ein Kind hatten, sei es, so sagt sie, ganz wichtig für ihn gewesen zu wissen, dass er auf Tabletten zurückgreifen könne, die ihm das Sterben ermöglichen würden. Monatelang hätten sie griffbereit da gelegen, er habe sie nicht genommen, es sei ihm nur ein dringendes Bedürfnis gewesen, sie für den Notfall verfügbar zu haben. Und leider sei es unsäglich schwer gewesen, diese Pillen zu bekommen.

Mit diesem Beitrag nährt Lisa Paus die Ratlosigkeit im Parlament und intensiviert das Nachdenken noch einmal, und das ist gut so, denn das Thema ist so vielschichtig und komplex, dass jede Verkürzung unangemessen wäre.

Der CDU-Politiker Hermann Gröhe sagt, er könne sich Grenzfälle vorstellen, in denen Ärzte aus Gewissensgründen Gesetze brächen, und sein Parteikollege Peter Tauber sagt den überaus erstaunlichen Satz, jeder von ihnen müsse wohl zugeben, dass es ihnen mit ihren Gesetzgebungsvorhaben selten gelinge, eine Regelung zu finden, die allen gerecht werde.

Immer wieder heben Abgeordnete hervor, was sie eint, zum Beispiel, dass sie die Hospiz- und Palliativversorgung verbessern wollen, immer wieder applaudieren sie über Parteigrenzen hinweg. Es gibt Sätze an diesem Tag, die wie gemacht sind fürs Demokratie-Poesiealbum. Eine Abgeordnete sagt, es gebe keine absolute Wahrheit, ein weiterer bemerkt, wie froh er sei, dass es ausnahmsweise allein um die Sache gehe. Es entstehen parteiübergreifende Positionspapiere, und ich kann den Abgeordneten gut verstehen, der sagt, dass er an einem Tag wie diesem stolz darauf sei, ein Mitglied des Parlaments zu sein. Und alles nur, weil für vier Stunden der Fraktionszwang aufgehoben war.

Deutschland geht auf ein Blind Date

An einem Oktoberabend im Jahr 2018 bin ich zur Abschlussveranstaltung der Hausparlamente ins Europäische Haus in Berlin eingeladen. Ins Leben gerufen wurden die Hausparlamente von den »Pulse of Europe«-Begründern, die irgendwann fanden, ihre proeuropäischen Demos, emotional und aus dem Bauch heraus, müssten ergänzt werden durch eine ernsthaftere Beschäftigung mit Europa. Deshalb starteten sie einen bundesweiten Aufruf: Wer verwandelt das eigene Wohnzimmer oder die Küche in ein Parlament und lädt andere zu einer Diskussion über die EU ein? Es wurde ein kleiner Fragenkatalog vorbereitet (Soll eine europäische Armee die nationalen Heere ablösen? Braucht es einen europäischen Außenminister? Sollten wir eine engere Anbindung an Staaten wie Russland suchen?), und am Ende machten 1000 Menschen mit.

An dem Abend in Berlin sollen die Ergebnisse dieser tollen Initiative an Michael Roth, den Staatsminister für Europa im Auswärtigen Amt, übergeben werden. Etliche Hausparlamentarier sind von weither angereist, sie sind sympathisch und offenbar hochengagiert, aber der SPD-Politiker schmeichelt ihnen nicht bloß, wie Politiker es oft tun, wenn normale Leute in ihrer Freizeit irgend etwas machen, was nur im Entferntesten nach Politik aussieht. Er sagt ihnen auch, dass manche ihrer Ansichten selbst wohlmeinenden europäischen Partnern schwer zu vermitteln seien.

Zum Beispiel hatten sich 42 Prozent der Hausparlamentarier für einen engeren Kontakt zu Staaten wie Russland ausgesprochen. Eine Haltung, mit der man bei den Osteuropäern, die ihre ganz eigenen Erfahrungen mit Russland gemacht hätten, auf Granit stoßen würde, sagt Roth. Außerdem kritisiert er die deutschen Proteste am Freihandelsabkommen TTIP: So eine massive Gegenwehr könne er seinen Kollegen im Ausland nicht begreiflich machen.

Ich glaube, einige der Anwesenden sind ein wenig überrascht. Sie hatten nicht damit gerechnet, dass ihre Sichtweisen derart infrage gestellt werden. Tatsächlich zeigt Michael Roth aber ein großes Dilemma auf, in dem wir Deutschen stecken: Wir wollen unbedingt Europäer sein und zugleich bitte sehr deutsch bleiben.

Anfang 2019 erschien in der Zeitschrift ›The Washington Quarterly‹ ein Essay mit dem Titel ›The world according to Germany: Reassessing 1989‹. Es ist sicherlich kein Zufall, dass der Titel an John Irvings Roman ›The World According to Garp‹ erinnert, in dem es um ein Kind geht, das unter ungewöhnlichen Umständen gezeugt wurde und einen sehr speziellen Blick auf die Welt hat.

In diesem Essay wird ein Land beschrieben, das allzu bereitwillig Francis Fukuyamas These vom Ende der Geschichte glaubte, sich selbst gern als europäischen Vorzeigestaat darstellt, aber Verständnis für andere vermissen lässt. Unter anderem wird eine Studie des Pew Research Center aus dem Jahr 2013 zitiert, laut der die Deutschen sich selbst als am wenigsten arrogant unter allen EU-Mitgliedern einstufen. Ein Selbstbild, das sich keineswegs mit der Fremdwahrnehmung deckt: Fünf der acht befragten Nationen halten die Deutschen für die hochmütigsten.

Geschrieben hat diesen Aufsatz Thomas Bagger, der die außenpolitische Abteilung des Bundespräsidialamts leitet. Als ich ihn treffe, erzählt er mir von einer Frau aus Estland, die in einer Diskussionsrunde sagte, dass sie die ablehnende Haltung gegenüber nationalistischen Tendenzen auf Deutschland bezogen absolut verstehe, der Nationalismus für die Esten allerdings die Rettung gewesen sei: Ohne den daraus resultierenden Zusammenhalt hätten sie die Sowjetherrschaft nicht überstanden. Diese Frau wusste, dass es mehrere legitime Sichtweisen gibt. Die Deutschen vergessen genau das leider häufig.

»Natürlich, Kommunikation mit Andersdenkenden ist anstrengend. Aber ihre Verweigerung ist das Ende der Kompromissfähigkeit.« Mit diesen Worten eröffnete der Bundespräsident Frank-Walter Steinmeier im September 2018 »Deutschland spricht«, ein von ›Zeit Online‹ initiiertes Diskussionsformat, bei dem 8000 Männer und Frauen in ganz Deutschland auf ein Blind Date geschickt wurden. Während auf Partnerschaftsportalen normalerweise Erkundigungen zu Hobbys (Oper oder Rockkonzert?) und Schlafgewohnheiten (Eule oder Lerche?) eingeholt werden, hatten diese Leute politische Fragen beantwortet, bevor sie verkuppelt wurden: Muss Deutschland seine Grenzen strikter kontrollieren? Sollten deutsche Innenstädte autofrei sein? Können Muslime und Nichtmuslime in Deutschland gut zusammenleben? Ist Donald Trump gut für die USA? Und wie wäre es mit einer Steuer für Fleisch, um den Konsum zu senken?

Gepaart wurden dann ausgerechnet die Menschen, deren Ansichten maximal weit auseinanderlagen, und Steinmeier rief alle dazu auf, sich wirklich auf ihr Gegenüber einzulassen. Es gehe um »die für unsere Demokratie grundlegende Frage, wie wir die Mauern, die zwischen unseren Lebenswelten entstanden sind, die Mauern, die dem gesellschaftlichen Zusammenhalt mittlerweile für alle spürbar im Wege stehen, überwinden können«.

Tatsächlich haben wir eine Mauer niemals überwunden. Die Europawahl-Karte von 2019, auf der die einzelnen Regionen Deutschlands nach Ergebnissen eingefärbt waren, machte die alte Zonengrenze wieder sichtbar. Der Osten war ziemlich blau, weil dort die AfD so viele Stimmen bekommen hatte. Und obwohl seit der Wiedervereinigung 30 Jahre vergangen waren, scheinen sich Ost und West ferner denn je zu sein.

30 JAHRE KATERSTIMMUNG.
Wie Ost und West zusammenfinden können

Was mir im ersten Moment auffällt, als ich Gerd Poppes Wohnung betrete, sind die unzähligen Bücher. Das zweite sind die Unmengen an CDs. Das dritte die vielen Filme. Gerd Poppe bemerkt meinen Blick. »Ich habe etwas nachzuholen«, sagt er.

Wir setzen uns. Hinter Gerd Poppe im Regal sehe ich Titel wie ›Die Wende‹ und ›Die Mauer‹, Bücher also, die erklären, was mit dem Land passiert ist, das einmal Poppes Heimat war.

Gerd Poppe, 1941 in Rostock geboren, ist Physiker und war einer der ersten Ostdeutschen, der sich in den 70ern mit seiner Regimekritik an die Öffentlichkeit wagte. »Begonnen hat alles mit dem Prager Frühling«, sagt er. »Mit seiner Niederschlagung wurde jede Hoffnung, dass sich die DDR noch zum Guten entwickeln werde, zerstört.«

Der nächste Einschlag kam 1976, als Wolf Biermann ausgebürgert wurde. Poppe protestierte dagegen, und prompt wurde ihm eine Jobzusage wieder entzogen, die er kurz zuvor erhalten hatte. Die nächsten Jahre schleppte er in Schwimmbädern die Kohle, mit der das Wasser beheizt wurde, und reinigte die Filteranlagen. »Keine angemessene Aufgabe, aber sie ließ mir Zeit für andere Dinge.« Andere Dinge, das waren zum Beispiel die Lesungen, die Poppe bei sich zu Hause in Berlin-Prenzlauer Berg für regimekritische Schriftsteller wie Elke Erb, Lutz Rathenow und Wolfgang Hilbig organisierte und bei denen sich manchmal mehr als 100 Menschen in seiner 75-Quadratmeter-Wohnung drängten. Andere Dinge, das war auch der Kinderladen, den Poppe 1980 mit seiner damaligen Frau gründete, weil sie ihren kleinen Sohn auf keinen Fall in staatliche Obhut geben wollten. Schon bald wurden insgesamt acht Kinder in einem kleinen Laden mit großen Schaufenstern in der Husemannstraße in Prenzlauer Berg betreut. Was den Poppes besonders wichtig war: Die Kinder sollten lernen, Nein zu sagen. Der SED gefiel das natürlich gar nicht, und 1983 standen die Eltern eines Morgens vor einer Wand. Bauarbeiter, die vom Ministerium für Staatssicherheit beauftragt worden waren, hatten den Kinderladen einfach zugemauert.

Andere Dinge, das waren außerdem die politischen Zeitschriften, die Poppe mit Unterstützung aus dem Westen herausgab. Zwischen 1983 und 1989 sei die frühere Grünen-Abgeordnete Petra Kelly zwanzigmal bei ihm und seinen Mitstreitern gewesen, erzählt er mir, den Kofferraum voller Dinge, die sie für die Herstellung brauchten. »Selbst Klammeraffen mussten wir aus dem Westen kommen lassen.« Und 1985 gründete Poppe schließlich eine der ersten Bürgerrechtsgruppen.

In all diesen Jahren wurde er mehrmals festgenommen, und seine Frau saß zusammen mit Bärbel Bohley anderthalb

Monate im Gefängnis. Einigen Freunden hatte das Paar vorsorglich Vollmachten erteilt, damit diese ihre Kinder im Notfall vor dem Heim bewahren könnten. Und trotzdem klingt Gerd Poppe in unserem Gespräch so, als habe es keine Alternative zu seinem politischen Engagement gegeben, als sei er einem demokratischen Naturgesetz gefolgt, das besagt, dass irgendwann ein Punkt erreicht ist, an dem man handeln muss, ungeachtet der Konsequenzen. »Es war nicht mehr genug, einfach nur sieben Kopien unserer Gedanken an andere weiterzugeben, von denen wir wussten, dass sie genauso dachten wie wir. Wir mussten raus aus der Konspiration, wir wollten als politische Akteure die Öffentlichkeit erreichen. Deshalb nahmen wir für uns Rechte in Anspruch, die uns von der SED-Diktatur vorenthalten wurden.«

Sollte man von so einem mutigen Demokraten nicht dringend versuchen zu lernen?

Der Wunsch nach Augenhöhe

An Volkskammerwahlen nahm Poppe aus Prinzip nicht teil, warum auch, wenn sowieso immer die SED gewann. Als die Mauer fiel, wurde der Zentrale Runde Tisch eingerichtet, an dem sich Oppositionelle und die alten politischen Kräfte das erste Mal gegenübersaßen. Hundertprozentiger Feindkontakt also. Poppe war auch dabei, und mit einem Mal zählte seine Stimme genauso viel wie die eines SED-Politikers. Gemeinsam mit den anderen Bürgerrechtlern setzte er durch, dass es keine Nachfolgeorganisation der Stasi geben durfte. Und sie plädierten für eine neue DDR-Verfassung.

Denkt man heute an die Wendezeit zurück, erklärt man die Geschehnisse oft von ihrem Ende her, so als sei alles nur passiert, damit Deutschland wiedervereinigt werden konnte. Tatsächlich waren die Proteste, der Mauerfall und die Wiedervereinigung drei separate Ereignisse. Als Poppe sich an den Runden Tisch setzte, wusste er nicht, wie es mit der DDR weitergehen würde. Er hielt eine Wiedervereinigung für wahrscheinlich, wenn auch in fernerer Zukunft. Sollte man bis dahin etwa mit der DDR-Verfassung von 1974 weitermachen, in der die DDR als sozialistischer Arbeiter- und Bauernstaat bezeichnet wurde?

In dem Entwurf, den Poppe und seine Mitstreiter stattdessen erarbeiteten, finden sich Punkte, die heute, 30 Jahre später, absolut zeitgemäß erscheinen. Zum Beispiel das Menschenrecht auf Bildung und eine angemessene Wohnung, eine Frauen-Männer-Parität bei der Vergabe öffentlicher Ämter, mehr Umweltschutz – und die Einführung plebiszitärer Elemente. Diese letzte Forderung war eng mit den emanzipatorischen Erfahrungen von 1989 verknüpft. »Wir hatten 40 Jahre Diktatur durch eine Clique selbst ernannter Parteiführer hinter uns, und deshalb wollten wir die Bürgerrechte unbedingt stärken«, sagt Poppe. Mit anderen Worten: Die Ostdeutschen wollten die Selbstwirksamkeit, die sie 1989 entdeckt hatten, ins neue Land hinüberretten. Doch die neue Volkskammer lehnte den Verfassungsentwurf ab, die Mehrheit wollte vor allem eine rasche Einheit Deutschlands.

Das Grundgesetz sah dafür zwei Möglichkeiten vor – Beitritt der DDR zum Geltungsbereich des Grundgesetzes nach Artikel 23 oder Vereinigung durch eine gemeinsame neue Verfassung nach Artikel 146. Am Ende erfolgte am 3. Oktober 1990 der Beitritt. Eine neue DDR-Verfassung hätte vielleicht den Weg für die andere Variante geebnet – was sehr in Poppes Sinne gewesen wäre. »Wir waren für die Herstellung der Einheit nach Artikel 146, wir wollten unsere eigenen Erfahrungen vom Leben in der Diktatur und von ihrer Überwindung einbringen, wir wollten Verhandlungen auf Augenhöhe, und all das gab es nicht«, sagt er.

Etwas ganz Ähnliches höre ich auch von einem anderen Mann. Johannes Staemmler wurde 1982 in Dresden geboren, er kennt Gerd Poppe nicht, doch als ich ihn besuche und wir auf seinem Balkon sitzen, sagt er: »Die Augenhöhe hat gefehlt.«

Johannes Staemmler war sieben Jahre alt, als die Mauer fiel. Zu klein, denken manche, in dem Alter bekommt man doch sowieso nichts mit. Johannes Staemmler empfindet das nicht so, und weil er festgestellt hat, dass es unter Ostdeutschen seiner Generation großen Redebedarf gibt, hat er das Netzwerk Dritte Generation Ost mitbegründet – für alle, die sich darüber austauschen wollen, wie es war, mitten in der Wendezeit aufzuwachsen.

Als ich ihm diese Frage stelle, gibt er mir keine direkte Antwort, sondern erzählt, wie seine Eltern mit ihm und den Geschwistern 1988 eine große Wohnung bezogen und diese monatelang renovierten. Da es in der DDR nie das gab, was man brauchte, dauerte alles extrem lang, der Großvater kümmerte sich um die Elektrik, und irgendwann trieben sie sogar professionelle Ofensetzer auf. »Und dann, die Wohnung war gerade fertig, kam die Wende.«

Die Wende als eine Zeit, in der man feststellt, dass die eigenen Bemühungen umsonst waren. In der ein Ofen, an dem man sich gerade noch erfreut hat, von einem Tag auf den anderen nur noch halb so toll ist, weil es nun plötzlich Zentralheizungen gibt. Die Wende außerdem als eine Zeit, in der ein Zweitklässler feststellt, dass in seinem neuen Mathebuch nicht mehr mit Soldaten, sondern nur noch mit Äpfeln und Birnen gerechnet wird.

Wie ist es, wenn das scheinbar Richtige über Nacht plötzlich falsch ist und das Falsche richtig? »Wenn ich heute mehr als eine Minute lang Bilder oder Filme vom 9. November sehe, muss ich immer weinen«, sagt Johannes Staemmler. »Es war wie eine unerwartete, rauschhafte Party, der ein jahrzehntelanger Kater und Scham darüber folgte, dass wir uns so gefreut haben und nicht haben kommen sehen, was geschehen würde.«

Johannes Staemmler hat Internationale Beziehungen und Public Policy in Dresden, Chile und Berlin studiert und arbeitet heute am Potsdamer Institut für transformative Nachhaltigkeitsforschung. Gerade leitet er ein Projekt in der Lausitz. Um den Ausstieg aus der Kohle sozial verträglich zu gestalten, werden in den kommenden 2 Jahrzehnten an die 20 Milliarden Euro in die Region fließen. Staemmler möchte, dass die Lausitzer selbst Verantwortung übernehmen und auf Bürgerkonferenzen überlegen, wie dieses Geld investiert werden soll. Weil Erfahrungen von Selbstwirksamkeit mehr bringen als reine Geldgeschenke, die am Ende das Gefühl der eigenen Unterlegenheit noch verstärken.

Eine Freundin, mit der ich darüber spreche, schüttelt unwillig den Kopf. Ihr erscheinen diese ganzen Versuche, den Osten zu verstehen, übertrieben. »Was genau ist eigentlich deren Problem?«, fragt sie ärgerlich.

Wäre schön, wenn es nur eines wäre.

2017 betrug der Unterschied in der Wirtschaftskraft zwischen Ost und West fast 27 Prozent.

Im selben Jahr lag der Durchschnittsverdienst von sozialversicherungspflichtigen Vollzeitbeschäftigten im Osten bei etwa 2690 Euro, im Westen dagegen bei 3339 Euro.

Noch heute stammt keines der Unternehmen im Deutschen Aktienindex (DAX) aus dem Osten, und die 100 größten ostdeutschen Unternehmen erwirtschaften gemeinsam so viel wie die BMW AG in München allein.

Außerdem hatten die Ostdeutschen 2016 nur 1,7 Prozent der Führungspositionen in der gesamten Bundesrepublik inne. Von den insgesamt 190 Vorstandsposten in den DAX-Unternehmen waren gerade mal drei mit Ostdeutschen besetzt, und im Osten stammen lediglich 23 Prozent aller Chefs und Chefinnen aus dem Osten – und das, obwohl 87 Prozent der Menschen, die im Osten leben, auch von dort kommen.

Unter den Vorsitzenden Richtern der obersten Gerichte im Osten liegt der Anteil von Ostdeutschen bei 5,9 Prozent, unter den Geschäftsführern von Medien bei 9 Prozent und unter den Hochschulrektoren bei 14 Prozent.[8]

Reicht noch nicht?

Johannes Staemmler sieht mich an. »In den Medien geht es oft um die Erbengeneration. Im Osten gibt es das nicht wirklich. Nicht in der Generation meiner Eltern und auch nicht in meiner.«

Von Schurken, Helden und der Wahrheit dazwischen

In ihrem Buch ›Stadt der Engel‹ beschreibt Christa Wolf einen mehrmonatigen Aufenthalt in Kalifornien Anfang der 90er-Jahre. Als Amerikaner von ihr wissen möchten, wie sie die Entwicklung in Deutschland beurteile, tut sie sich mit der Antwort nicht leicht. »Ich erinnere mich, dass ich mich, innerlich auf diese Frage gefasst, um Objektivität bemühte. Der Fall der Mauer. Ja. Ein historisches Ereignis, das, ich zögerte, das zuzugeben, von den Demonstranten nicht erwartet und nicht beabsichtigt war. Ich zitierte Inschriften von Transparenten, die inzwischen schon verwelkt waren: Die Euphorie der Übergangszeit. Ich wollte die Menschen hier nicht enttäuschen, die erwarteten, dass im vereinten Deutschland jedermann glücklich sein müsse. Nein, von Enttäuschungen stand nichts in ihren Zeitungen. Nichts von Verlusten. Es wäre mir kleinlich vorgekommen, hier davon zu sprechen.«

Später erzählt sie, wie ein Mann namens Bill, der zur Christianisierung forscht, ihr berichtet, dass Kolonialherren stets versucht hätten, ihre eigene Glaubens- und Gedankenwelt als die überlegene zu behaupten. »Das weiß ich doch, hatte ich gesagt, und Bill, der Engländer, hatte mich prüfend angesehen: Ihr erfahrt das gerade, wie? Er hatte nicht auf einer Antwort bestanden. Manchmal, wenn ich abends ein Glas Wein aus seinem Vorrat trank, stieß ich in Gedanken mit ihm an.«

Man mag das als larmoyant empfinden, dieses Leiden an etwas, das doch eigentlich eine große Befreiung war, aber mich bewegt diese Schilderung. 1954 begründete der amerikanische Psychologe Leon Festinger die Theorie des sozialen Vergleichs, nach der Menschen ihre Meinung über sich selbst vor allem dadurch formen, dass sie sich in Beziehung zu anderen betrachten. Mit den Westdeutschen als Maßstab konnten sich die Ostdeutschen nur wie Verlierer fühlen, und die ignorante Haltung der Westdeutschen machte die Sache nicht gerade besser.

Ich selbst habe mich der DDR durch meine Mutter und meinen Großvater stets verbunden gefühlt und zucke bis heute zusammen, wenn Menschen mit dieser typisch westdeutschen Herablassung über Ostdeutsche sprechen. Ich wünsche mir, sie würden stattdessen mehr Neugier auf dieses ihnen ziemlich unbekannte Land empfinden – und damit meine ich nicht Wellnesstrips in restaurierte Schlösser in Mecklenburg-Vorpommern, sondern ehrliches Interesse daran, wie rund 16 Millionen Menschen 40 Jahre lang gelebt haben.

Würde es sich um eine Liebesgeschichte handeln, wäre jedem klar, wo das Problem liegt. Da sind zwei Partner, die überhaupt nicht gleichberechtigt waren, von denen sich der eine stark am anderen orientierte und selbst nichts zur Beziehung beisteuern konnte. Ist so eine Verbindung nicht von vornherein zum Scheitern verurteilt?

Kurz nach der Wende forderte der Politiker Wolfgang Thierse die Menschen aus Ost und West auf, sich gegenseitig ihre Lebensgeschichten zu erzählen. »Dann werden wir merken, dass die einen nicht nur finstere Schurken- und Stasi-Geschichten hinter sich haben und die anderen nicht nur strahlende Helden- und Erfolgsgeschichten. Die Grautöne und Farbtupfer werden sich nicht nach System-Differenzen unterscheiden, sondern bunter und unordentlicher verteilt sein.«

Die meisten hielten die Wiedervereinigung damals eher für eine ökonomische und nicht für eine zwischenmenschliche Herausforderung, doch ein Mann nahm sich Thierses Worte sehr zu Herzen. Axel Schmidt-Gödelitz hatte gerade das sächsische Familiengut von der Treuhand zurückgekauft, wollte dort aber nicht wie ein Hofherr leben und öffnete Gut Gödelitz 1992 für eine groß angelegte deutsch-deutsche Gesprächstherapie. Die Idee: Immer zehn Menschen verbringen ein gemeinsames Wochenende auf dem Gut, fünf aus dem Osten, fünf aus dem Westen, Geschlecht, Alter und soziale Herkunft möglichst gemischt, und berichten einander aus ihrem Leben. Die anderen dürfen weder kommentieren noch bewerten, allenfalls nachfragen, falls sie etwas nicht verstanden haben. Und obwohl Menschen gemeinhin so viel kommunizieren, ist es für die meisten eine neue Erfahrung, so vorbehaltlos zuzuhören wie in Gödelitz.

Von all den Begegnungen auf seinem Gut ist Axel Schmidt-Gödelitz eine besonders in Erinnerung geblieben. Eines Tages trafen sich dort ein ehemaliger Stasi-Offizier und ein Mann, der aus politischen Gründen mehrere Jahre im Gefängnis in Bautzen gesessen hatte. »Hätte ich eine Glühbirne zwischen die beiden gehalten, hätte sie geleuchtet«, sagt Schmidt-Gödelitz.

Dann erzählte der Stasi-Mann von seiner Kindheit. Seine Mutter, eine Jüdin, war in Auschwitz vergast worden, er selbst wandte sich voller Inbrunst der DDR zu. »Und mit einem Mal«, sagt Axel Schmidt-Gödelitz, »wurde aus dem Täter ein Mitmensch.« Der Mann, der inhaftiert gewesen war, hörte still zu, er unterbrach den Stasi-Mann nicht, er beschimpfte ihn nicht, und als er dran war, verhielt sich der Stasi-Mann ebenso. »Ich habe meine DDR immer verteidigt«, sagte der Stasi-Mann am Ende zu ihm. »Aber wenn sie einen wie dich eingesperrt hat, ist sie zu Recht untergegangen.« Und dann umarmten sich die beiden.

Mehr als 3000 Menschen hat Schmidt-Gödelitz auf diese Weise zusammengeführt, zwischendurch dachte er ans Aufhören, doch dafür, sagt er, sei die Zeit nicht reif.

Ich finde, er hat recht. In seiner Regierungserklärung von 1969 sagte Willy Brandt, die demokratische Ordnung brauche außerordentliche Geduld im Zuhören und außerordentliche Anstrengung, sich gegenseitig zu verstehen. Das Wort »zuhören« war in seinem Manuskript handschriftlich unterstrichen.

Das Herz der Demokratie sind weder Verfahren noch Methoden, sondern Menschen, die miteinander reden. Deshalb brauchen wir neue demokratische Formate, die Gespräche zwischen Andersdenkenden stiften. Und genau das leisten Bürgerversammlungen.

VORM ZUFALL SIND ALLE GLEICH.
Warum Bürgerversammlungen die Demokratie inklusiver machen

Am 4. Juni 2006 versammelten sich in der griechischen Stadt Marousi 153 Männer und Frauen. Es war ein Sonntag, die Sonne schien, und diese Menschen saßen drinnen und schwitzten. Fast zwölf Stunden lang. Sie sollten den nächsten Bürgermeisterkandidaten der sozialistischen Pasok-Partei bestimmen. Dazu hatten sie Material zu 19 Themen bekommen, die in Marousi wichtig waren, vom Bau einer privaten Universität über die Müllentsorgung bis hin zur Integration von Migranten. Die 153 Menschen diskutierten erst miteinander, dann nahmen sie sechs mögliche Kandidaten ins Kreuzverhör. »Die Fragen, die kamen, waren klug und detailliert (...). Und weil sie so genau waren, wurde sehr schnell deutlich, wer von den Kandidaten sich auskannte und wer nicht«, schrieb ein Journalist, der vor Ort war.

Am Ende entschieden sich die Zufallsbürger für den unbekanntesten Kandidaten. Er hatte sie inhaltlich einfach am meisten überzeugt.

Eigentlich scheint das Zufallsprinzip keinen Platz in einer so ernsthaften Angelegenheit wie der Politik zu haben. Dem

Los haftet etwas Unseriöses an, es klingt nach Jahrmarkt und Glücksspiel, und trotzdem denke ich, wenn ein Münzwurf mit der Frage »Kopf oder Zahl?« einen Streit meiner Kinder schlichtet und sie plötzlich imstande sind, etwas hinzunehmen, das ihnen kurz zuvor noch wie eine schreiende Ungerechtigkeit erschien, was für eine enorm befriedende Wirkung der Zufall doch hat. Und das aus einem guten Grund: Nur vor dem Zufall sind alle Menschen wirklich gleich.

In der Politik kam das Los lange Zeit ausschließlich in kuriosen Ausnahmefällen zum Einsatz. So wurde im schwedischen *riksdag* zwischen 1974 und 1976 262-mal per Los entschieden, da Regierung und Opposition dieselbe Anzahl von Sitzen hatten. Als 2016 die US-Vorwahlrivalen Hillary Clinton und Bernie Sanders in manchen Regionen Iowas gleichauf lagen, warf man eine Münze. Und in Deutschland wird der Bundestagspräsident per Los bestimmt, falls drei Wahlgänge keinen Gewinner hervorbringen – eine Methode, die man in Bayern anwendet, um den Ministerpräsidenten zu ermitteln, sofern es bei zwei Stichwahlen zu einem Patt gekommen ist.

In Marousi ging man noch weiter. Die Idee, den Bürgermeisterkandidaten durch Zufallsbürger nominieren zu lassen, hatte Giorgos Papandreou, der damalige Vorsitzende der Pasok-Partei. Ein Parteikollege war darüber so wütend, dass er ein Call Center beauftragte, den Teilnehmern mitzuteilen, die Veranstaltung sei abgeblasen. Aber keine Chance. Die Mitarbeiter hatten ja keine Ahnung, wer die zufällig ausgewählten Bürger waren, und konnten schwerlich die ganze

Stadt anrufen. Papandreous Vater und Großvater waren beide Premierminister, er selbst trat dieses Amt 2009 an. Damit gehört er zur Politikerkaste, die ihre Stellung nicht zuletzt Klüngeln und Seilschaften verdankt, und doch hat er 2006 beschlossen, dieses elitäre System für einen Moment aufzubrechen – und durch ein Verfahren zu ersetzen, das etwa 2500 Jahre zuvor die Demokratie in Griechenland begründet hat.

Die erste Losmaschine der Welt

Besucht man in Athen heute das Agora-Museum, bekommt man eine Reihe von erstaunlichen Alltagsgegenständen aus der Antike zu sehen. Einen Grill aus Keramik, eine Wasseruhr – und eine rätselhafte große Steinplatte mit vielen Schlitzen. Das Kleroterion. Die erste Losmaschine der Welt und absolut unverzichtbar an dem Ort, den man als Wiege der Demokratie bezeichnet.

Im 5. Jahrhundert vor Christus tagte in Athen etwa 40-mal im Jahr die sogenannte Volksversammlung, auch Ecclesia genannt. Teilnehmen durften nur Männer (Sklaven und Ausländer waren ausgeschlossen), und mindestens 6000 mussten anwesend sein, damit die Ecclesia beschlussfähig war. Alle Athener (wieder mit Ausnahme der Frauen, Sklaven und Ausländer) konnten ihre Anliegen einbringen, an eine höhere Instanz wurde nichts verwiesen – die gab es schlichtweg nicht. In der Ecclesia entschieden die Bürger über sämtliche

Themen in ihrem Stadtstaat gemeinsam, sei es über Kriege, die Getreideversorgung oder den Neubau von Tempeln.

Organisiert wurden diese Zusammenkünfte vom Rat der 500, der sogenannten Boule. Ihre Mitglieder waren für ein Jahr im Amt und trafen sich fast täglich, um ihre zahlreichen Aufgaben, für die sie auch entlohnt wurden, zu bewältigen. So legten sie die Tagesordnung der Ecclesia fest und erstellten die Beschlussvorlagen, waren für die Wartung der Flotte und die Kontrolle von Bauvorhaben zuständig und empfingen ausländische Gesandte. Ohne die Boule hätte die anspruchsvolle attische Demokratie im Chaos geendet. Doch ihre Mitglieder – wieder nur Männer – wurden nicht etwa aufgrund ihrer besonderen Qualifikationen ausgewählt, sondern per Zufall bestimmt. Genauso wie die 6000 Richter, die es in Athen gab, und die 700 Beamten, welche die Beschlüsse der Volksversammlung ausführten.

Und hier kommt das Kleroterion ins Spiel, die Steinplatte mit den Schlitzen. So wie Menschen heute einen Pass besitzen, hatte damals jeder Athener ein kleines Bronzetäfelchen mit seinem Namen und einer Eule drauf. Diese Plättchen waren die Eintrittskarten in die attische Demokratie. Wurden Richter, Boule-Mitglieder oder Beamte ausgelost, steckte man die Namensplättchen aller Bürger, die grundsätzlich bereit waren, ein Amt zu übernehmen, in die Schlitze des Kleroterions. Dann wurden weiße und schwarze Kugeln in einen Trichter geworfen, der in eine Röhre mündete. Unten entnahm man die Kugeln wieder und holte dabei auch immer ein Plättchen aus dem Kleroterion. Schlitz für Schlitz, von links nach rechts und oben nach unten stellte sich auf diese Weise heraus, wer einen Posten bekam und wer nicht. Erwischte man eine weiße Kugel, wenn gerade der dritte Schlitz von links in der zweiten Reihe dran war, hieß es, dass derjenige, dessen Plättchen in diesem Schlitz steckte, Politiker, Beamter oder Richter auf Zeit wurde. War es dagegen eine schwarze Kugel, ging er leer aus.

Diese Art der Ämtervergabe war keine seltsame Marotte oder kultische Handlung, sondern entsprang der tiefen Überzeugung, dass der gesunde Menschenverstand ausreicht, um gute politische Entscheidungen zu treffen. »Wenn (…) über die Verwaltung der Stadt zu ratschlagen ist, so steht jeder auf und erteilt (…) seinen Rat: Zimmermann, Schmied, Schuster, Krämer, Schiffsherr, Reiche, Arme, Vornehme, Geringe, einer wie der andere, und niemand macht einem Vorwürfe darüber, dass er, ohne dies irgendwo gelernt zu haben oder seinen Meister darin aufzeigen zu können, sich nun doch unterfangen wolle, Rat zu geben«, schrieb Platon.

Um maximale Gleichheit zu erzielen, erfanden die Athener 2500 Jahre vor den Grünen das Rotationsprinzip. Ständig wechselnde Ratsmitglieder leiteten die Volksversammlungen, und wer diese Rolle übernahm, wurde ganz bewusst erst am Vorabend ausgelost. Damit wollte man vermeiden, dass es der Person am Ende vielleicht gelänge, die Abstimmungsergebnisse durch akribische Vorbereitung zu beeinflussen.

Dass die Athener Experten und jeder Art von Machtverfestigung misstrauten, zeigt sich auch daran, dass kein Bürger mehr als zweimal in seinem Leben Boule-Mitglied werden durfte. Demokratie, so wie die Athener sie verstanden, schloss Professionalisierung aus, Berufspolitiker waren nicht erwünscht. Im Gegenteil.

»Von daher kommt denn, dass man sich nicht regieren lässt, am besten von überhaupt niemandem, oder dann doch nur abwechslungsweise. Auch dies trägt also zur Freiheit im Sinne der Gleichheit bei. Da nun dies vorausgesetzt wird und dies die Regierungsform ist, so ergibt sich das Folgende als demokratisch: Alle Ämter werden aus allen besetzt, alle herrschen über jeden und jeder abwechslungsweise über alle«, schrieb Aristoteles in seinem Werk ›Politik‹.

Nun war das attische System natürlich nicht ideal. Von den insgesamt 200 000 Bewohnern der Polis durften sich gerade mal 30 000 Männer politisch einbringen. Von denen kam aber fast jeder irgendwann dran. Wie wichtig die demokratische Betätigung für das Selbstverständnis der Athener war, beweist die Tatsache, dass unter Grabbeigaben immer wieder Namensplättchen gefunden wurden.

Am bemerkenswertesten finde ich allerdings ein Detail, das offenbart, dass schon die alten Griechen wussten: Wenn man den Frieden in einer Gesellschaft erhalten will, muss man gegen Spaltungstendenzen ankämpfen. Selbst in einem anscheinend überschaubaren Gebilde wie der attischen Polis gab es ganz unterschiedliche Lebensformen. Die Menschen lebten an der Küste, in der Stadt oder auf dem Land, und alle hatten ganz unterschiedliche Bedürfnisse und fühlten sich oft zurückgesetzt und missachtet. Um dem entgegenzuwirken, wurden sämtliche Bewohner der Polis in zehn sogenannte Phylen eingeteilt. Sie waren die grundlegende Ordnungseinheit im Land, und zu einer Phyle gehörten stets gleich viele Städter, Land- und Küstenbewohner. Unter den 500 Ratsmitgliedern mussten jeweils 50 Menschen aus sämtlichen zehn Phylen sein, und jede Phyle übernahm für ein Zehntel des Amtsjahres, also 36 Tage, die Geschäftsführung des Rats. Auf deutsch heißt Phyle Stamm, und tatsächlich handelte es sich bei den Phylen um künstliche Stämme, deren Existenz Menschen dazu zwang, nach Gemeinsamkeiten mit denen zu suchen, die ihnen eigentlich maximal fremd waren.

Die deliberative Wende in der Politik

Als 338 vor Christus Philipp II. und sein Sohn Alexander die Athener in der Schlacht von Chaironeia besiegen, ist das nicht nur das Ende der attischen Demokratie, sondern für lange Zeit auch der Staatsform überhaupt. In Athen wird eine Oligarchie eingeführt, und die nächsten 1500 Jahre herrschen Könige, Kaiser und Fürsten in Europa, von einigen mittelalterlichen Stadtrepubliken mal abgesehen. Wiederentdeckt wird die Demokratie erst im Zeitalter der Aufklärung. 1776 wird mit den Vereinigten Staaten von Amerika der erste demokratische Staat der Moderne gegründet, 1789 bereitet die Französische Revolution der Demokratie den Weg in Europa. Doch obwohl man, ähnlich wie in der Antike, Gleichheit und Gerechtigkeit feiert, sind die politischen Methoden, zu denen man greift, um diese Ideale zu verwirklichen, zwangsläufig andere.

In der kleinen attischen Polis hatten alle Bürger eine realistische Chance, ein politisches Amt zu bekleiden. In den USA lebten 1776 bereits etwa 2,5 Millionen Menschen. Unmöglich, dass so viele Personen ihre Namensplättchen in irgendwelchen Losmaschinen platzierten. Statt auf den Zufall setzte man deshalb auf Wahlen. Und so machten nicht mehr wie zu Platons Zeiten Zimmermann, Schmied und Schiffsherr Politik, sondern Politiker. Zum Teil sprach daraus sicherlich elitäres Denken, aber es fehlte lange Zeit auch schlichtweg das Wissen, wie man aus Hunderttausenden von Menschen eine repräsentative Auswahl trifft.

Das ändert sich, als ein Amerikaner im Jahr 1936 eine überraschende Prognose wagt. In einem Zeitungsbeitrag verkündet George Gallup, Franklin Roosevelt werde den Präsidentschaftswahlkampf gewinnen – und stützt diese Aussage auf eine Stichprobe von gerade mal 50 000 Menschen. Die anerkannte Zeitschrift ›Literary Digest‹ hingegen kommt nach der Befragung von etwa 2,4 Millionen Lesern zu dem Ergebnis, dass der Gegenkandidat Alfred Landon einen überwältigenden Sieg erleben wird. Gallup behält recht. Roosevelt erzielt mehr als 60 Prozent der Stimmen, die Zeitschrift ›Literary Digest‹ geht ein, und Gallup wird der Vater der modernen Meinungsforschung. Er hat bewiesen, dass die Bevölkerung auch mit einer gar nicht so großen Stichprobe abgebildet werden kann. Und legt damit, ohne es zu ahnen, den Grundstein für die Rückkehr des Zufalls in die Politik.

1968 beschließt der amerikanische Kongress, dass die Auswahl der Geschworenen per Zufall erfolgen soll. 1969 etabliert der Verteidigungsminister in Frankreich ein beratendes

Gremium, das aus 79 zufällig ausgewählten Soldaten besteht. Und in Deutschland erfindet der Göttinger Soziologieprofessor Peter Dienel in den 70er-Jahren die Planungszelle, in der 25 Zufallsbürger vier Tage Experten zu einem Thema hören und anschließend eine Empfehlung abgeben. 1988 beginnt James Fishkin, Professor an der Stanford University, ebenfalls Zufallsbürger zu verschiedenen Fragen zusammenzubringen. Ihn interessiert vor allem der Vorher-Nachher-Vergleich: Bringen diese Deliberationsforen, wie er sie nennt, Menschen dazu, ihre Standpunkte zu überdenken? Politikwissenschaftler sprechen inzwischen von einer deliberativen Wende und meinen damit, dass es nicht mehr ausreicht, Stimmen auszuzählen und Mehrheiten zu bekommen, sondern dass man in komplexe Verständigungs- und Aushandlungsprozesse eintreten muss.

2004 werden in der kanadischen Provinz British Columbia 160 Männer und Frauen ausgelost, um über eine Wahlrechtsreform zu beraten. 2011 starten Belgier eine Bürgerversammlung und nennen sie G1000. Zu dieser Zeit hat Belgien keine Regierung, und die Koalitionsverhandlungen dauern 541 Tage. Während sich die Politiker also in aller Ausführlichkeit mit sich selbst beschäftigen, suchen die Bürger nach Lösungen für die echten Probleme im Land.

Als Willy Brandt vor 50 Jahren sagte, es sei Zeit, mehr Demokratie zu wagen, kündigte er zugleich eine Reihe von Reformen an. Er senkte das Wahlalter von 21 auf 18 Jahre und sagte, er wolle keine Bewunderer, sondern Menschen, die kritisch mitdenken. Das kam vor allem bei den Vertretern der 68er-Bewegung gut an, von denen die Mehrzahl der bürgerlichen Mittelschicht angehörte. Die SPD wurde zu ihrer bevorzugten Partei, doch etliche Menschen aus dem sozial schwachen Milieu verloren in den kommenden Jahrzehnten ihre politische Heimat.

Vielleicht können wir es jetzt erneut wagen, mehr Demokratie in unser Land zu bringen – aber dieses Mal mit einem neuen Instrument. Bürgerversammlungen sind genau zwischen repräsentativen und plebiszitären Verfahren angesiedelt. Einerseits stellen ausgeloste Bürger eine Art Mandatsträger dar und ähneln darin unseren gewählten Politikern, andererseits wird die politische Beteiligung durch das Zufallsprinzip wie in der direkten Demokratie über die gesamte Bevölkerung ausgedehnt. Damit sind Bürgerversammlungen der einzige Weg, um mehr Diversität in die Politik zu bringen und die Repräsentationslücke zu schließen – denn sie nehmen auch diejenigen mit, denen gar nicht klar war, wie politisch sie eigentlich sind. Was das für erstaunliche Ergebnisse hervorbringt, hat Irland gezeigt.

99 Irinnen und Iren befrieden ihr Land

Louise Caldwell saß gerade mit ihren drei Kindern im Wohnzimmer, da klopfte jemand an die Vordertür ihres Hauses in einem kleinen Ort im Nordosten Irlands. »Allein das fand ich schon komisch«, sagt sie, als ich sie in Dublin treffe. »In unserem Dorf kommen normalerweise alle direkt durch die Hintertür.« Louise öffnete, und vor ihr stand ein Mann, den sie nie zuvor gesehen hatte. Ob sie sich ein bisschen mit Politik beschäftigen wolle, fragte er. Louise zögerte. Politik war eigentlich nicht so ihr Ding. Aber dann sagte der Mann etwas von »weekend away«, und Louise, die viel Zeit allein mit ihren Kindern verbrachte und sie auch jetzt laut rufen hörte, sagte Ja. »Für ein bisschen Zeit an einem anderen Ort hätte ich in diesem Moment alles gegeben.« Und so wurde Louise Mitglied der irischen Citizens' Assembly, in der 99 Bürgerinnen und Bürger mit vereinter Kraft versuchten, eine Lösung für die Frage zu finden, die ihre Heimat in der Vergangenheit entzweit hatte wie kaum eine andere: Soll Schwangerschaftsabbruch erlaubt sein?

Jahrzehntelang hatten die Iren eines der strengsten Abtreibungsgesetze in ganz Europa. Das sogenannte Eighth Amendment der Verfassung gestand einem ungeborenen Kind vom Zeugungstag an dieselben Rechte wie der Mutter zu. Bei einer Abtreibung drohten Frauen bis zu 14 Jahren Haft. Immer wieder gab es massive Proteste gegen diesen Passus. Zum Beispiel als 1992 ein 14-jähriges Mädchen, das durch eine Vergewaltigung schwanger geworden war, daran gehindert wurde, für den Abbruch nach Großbritannien zu reisen. Ein psychologisches Gutachten ergab, dass das Mädchen akut selbstmordgefährdet sei. Der Fall ging bis vor den obersten Gerichtshof, der die Ausreise schließlich erlaubte. Und nun wollten Politiker dieses heikle Thema in die Hände von Louise Caldwell und 98 anderen Iren legen. Wie konnte es dazu kommen?

Um eine Antwort auf diese Frage zu finden, sitze ich Anfang 2019 in Dublin, zusammen mit etwa 20 weiteren Deutschen. Einigen bin ich nie zuvor begegnet, mit anderen habe ich mich getroffen, telefoniert oder E-Mails ausgetauscht. Trotzdem fühle ich mich allen gleichermaßen verbunden, denn wir haben eine gemeinsame Leidenschaft. Wir wollen mehr als nur wählen.

Als die Briten 2016 für den Brexit stimmten, war ich nicht nur wegen des Resultats verstört, sondern auch weil man es nicht hatte kommen sehen. Es war, als sei der eigene Blick so eingetrübt, dass man den anderen wie durch ein Milchglas nicht mehr erkennen konnte. Dasselbe Muster zeigte sich bei der Wahl Donald Trumps und der Flüchtlingskrise – mit einem Mal schienen tiefe Risse durch die Gesellschaft zu gehen. Auch andere Themen spalten die Menschen zunehmend. Die einen wissen nicht mehr, was die anderen denken, viele halten sich gegenseitig für verrückt, und je mehr die Grautöne verloren gehen, desto schwieriger wird es, einen gemeinsamen Nenner zu finden. Was kann man dagegen tun?

Meine Freundin erzählt mir von David Van Reybroucks Buch ›Gegen Wahlen‹, in dem es um Bürgerversammlungen geht, ich lese es und verliebe mich sofort in diese Idee. Mit einem Freund und anderen Gleichgesinnten versuche ich, selbst eine zu organisieren, und scheitere fulminant. Es ist ein Prozess, der sich über ein ganzes Jahr erstreckt, und am Ende habe ich zwar eine gemeinnützige Stiftung gegründet, nur leider hat sie keinen einzigen Cent. Umsonst war es trotzdem nicht, denn ich lerne Menschen kennen, die eine ähnliche Vision haben, und mit einigen von ihnen, darunter auch Claudine Nierth, sitze ich Anfang 2019 in Dublin. Auf dieser demokratischen Exkursion wollen wir uns Inspiration für Deutschland holen, und dazu haben wir uns als Erstes mit dem früheren irischen Premierminister Enda Kenny verabredet, der die Citizens' Assembly während seiner Amtszeit einführte. Zu unserem Treffen hat er ein kleines blaues Buch mitgebracht, das er immer wieder zur Bekräftigung in die Höhe hält. Es ist die Verfassung. »Das ist das Buch der Iren, und nur die Iren können es ändern«, sagt Kenny.

Wenn Politiker in Irland die Verfassung ändern wollen, müssen sie dazu die Erlaubnis der Bürger einholen. Mit der Bürgerversammlung hat Kenny die Iren noch stärker eingebunden. Als ich ihn frage, ob er finde, dass er etwas Revolutionäres getan habe, schüttelt er jedoch den Kopf. »Nein. Nur zeitgemäß. Die Menschen wollen mehr mitentscheiden. Und wir Politiker wollten die politische Hitze aus dem Abtreibungsthema nehmen. Und am Ende sind die Bürger viel weitergegangen, als wir Politiker jemals geglaubt hätten.«

Am 15. Oktober 2016 treffen sich die 99 Iren und Irinnen zum ersten Mal. Die Eröffnungsfeier findet in einem prunkvollen Schloss statt. Louise Caldwell ist beeindruckt. Sie organisiert Veranstaltungen und weiß, wie viel es kostet, solche Räumlichkeiten zu mieten. Zugleich ist ihr mulmig zumute. Vor dem Eingang stehen Aktivisten mit Spruchbannern und schreien sich gegenseitig an. »My body, my choice« und »Unborn lives matter«. Wie in aller Welt sollen sie eine Lösung finden?

Weil die Regierung will, dass es die Bürger und Bürgerinnen bei ihrer schwierigen Aufgabe möglichst schön haben, werden sie an ihrem ersten regulären Sitzungswochenende an einen weiteren Luxusort geschickt. Das Grand Hotel Malahide, das direkt am Wasser liegt und Zimmer mit Meeresblick hat. Hier werden Louise und die übrigen Zufallsbürger in den kommenden Monaten ihre Sitzungswochenenden miteinander verbringen. Insgesamt sollen sie über fünf Themen beratschlagen, darunter neben Abtreibung auch Klimawandel und die alternde Bevölkerung. Am Ende erwartet die Regierung Empfehlungen.

Für die Abtreibungsfrage sind ursprünglich drei Wochenenden vorgesehen. Zunächst sprechen Experten. Ein Professor der Rechtswissenschaften, ein Professor der Gynäkologie und ein Professor der Psychiatrie. Anschließend bitten die 99 Bürger und Bürgerinnen darum, dass in Zukunft mehr weibliche Experten berücksichtigt werden. An den nächsten Wochenenden referiert eine Wissenschaftlerin aus New York über die Abtreibungszahlen im weltweiten Vergleich, eine Menschenrechtsanwältin berichtet von ihrer Arbeit in einem Krisenzentrum für Vergewaltigungsopfer, und eine Ärztin spricht über fötale Fehlbildungen. Wenn zwei bis vier Experten gesprochen haben, diskutieren die Bürger in Kleingruppen. An jedem Tisch sitzen ein Moderator und eine Person, die sich Notizen macht und darauf achtet, dass wirklich jeder zu Wort kommt.

Die 99 Irinnen und Iren sind aber immer noch nicht zufrieden. Sie erbitten mehr Zeit und mehr Material. Vor allem möchten sie nicht nur Experten, egal ob männlich oder weiblich, über die vermeintlichen Gefühle von betroffenen

Frauen sprechen hören, sondern sie möchten die Frauen selbst hören. »Wir wollten so dicht wie möglich an die Erfahrung ran«, sagt Louise Caldwell.

Also werden zwei zusätzliche Sitzungen anberaumt und Beamte losgeschickt, die mit Erfahrungsberichten von Frauen zurückkehren, die aus eigener Lebensanschauung etwas zum Thema beitragen können. Da ist ein junges Mädchen, das trotz Verhütung schwanger wird. Die Schwester wohnt in London, der Flug ist schon lange gebucht, aber am Ende wird es kein fröhliches Schwesternwochenende, sondern das Mädchen treibt dort ab. Da ist eine Frau, der die Ärzte im dritten Monat sagen, dass ihr Baby aufgrund einer Behinderung tot zur Welt kommen wird. Die Schwangerschaft beenden darf sie trotzdem nicht. Also schaut die Frau ihrem Bauch beim Wachsen zu und geht weiter zu Untersuchungen im Krankenhaus, wo andere Frauen ihre gesunden Kinder nach der Entbindung mit nach Hause nehmen. »Ich wusste: Mein Baby wird das Krankenhaus in einem Sarg verlassen.« Eine weitere Schwangerschaft hat sich die Frau nach diesem Erlebnis nicht zugetraut.

Danach sprechen die Vertreter von Lobbygruppen. Die einen sagen, man nehme durch eine Legalisierung des Schwangerschaftsabbruchs in Kauf, dass behinderten Kindern mehr und mehr das Lebensrecht abgesprochen werde, und zitieren eine britische Studie, nach der sich der Großteil der Eltern, die ein Kind mit Down-Syndrom erwarteten, unter Druck gesetzt fühlten abzutreiben. Die anderen wenden ein, dass Schwangerschaftsabbruch in Irland ohnehin schon Realität sei, nur dass die Frauen dafür ins Ausland reisen würden – und Abtreibung damit bizarrerweise zu etwas werde, was einige sich leisten könnten und andere nicht.

Sowohl die persönlichen Erfahrungsberichte als auch die Präsentationen der Lobbygruppen sind hochemotional. Die 99 Bürger und Bürgerinnen, die zuvor oft lebhaft diskutiert haben, sind nun sehr still. Louise Caldwell sagt, sie habe sich davor gefürchtet, dass sie sich gegenseitig an die Gurgel gehen würden, aber das Gegenteil tritt ein. Manche weinen, andere schauen stumm vor sich hin, und überall geraten theoretische Positionen, die anfangs unabänderlich erschienen, ins Wanken. »Immer wieder sagten Leute, dass sie sich plötzlich nicht mehr so sicher seien, was sie denken.«

»Deliberation bedeutet, mit Ambiguität, Verlust und Unsicherheit umzugehen genauso wie mit zerschlagenen Hoffnungen und unvollkommenen Aussichten«, schreibt die amerikanische Philosophin Noëlle McAfee in ihrem Buch ›Fear of Breakdown: Politics and Psychoanalysis‹. Damit ist Deliberation nicht nur eine intellektuelle, sondern auch eine emotionale Leistung, denn sie bringt Menschen dazu, von Überzeugungen Abschied zu nehmen, die mitunter eng mit der eigenen Identität verbunden waren.

Am Ende plädieren die 99 Teilnehmer mehrheitlich dafür, das Eighth Amendment in der Verfassung durch einen anderen Passus zu ersetzen, der das Parlament damit beauftragt, ein Gesetz zur Legalisierung von Schwangerschaftsabbrüchen zu erlassen. Dieser Vorschlag wird dem Volk in einem Referendum vorgelegt. Louise Caldwell ist so aufgeregt, dass sie das Ergebnis gar nicht nachzuschauen wagt. Als ihr Mann ihr sagt, dass zwei Drittel der Iren mit Ja gestimmt haben, bricht sie in Tränen aus. Auch zu dem neuen Gesetz haben Louise Caldwell und die übrigen 98 Bürger bereits genaue Empfehlungen formuliert, die das Parlament weitestgehend übernimmt – und damit finden sich die Überlegungen einer dreifachen Mutter aus einem kleinen irischen Dorf nun in der Landesverfassung wieder.

Ich denke daran, wie Louise Caldwell mir gesagt hat, dass sie sich gar nicht so sehr für Politik interessiert hat. Ich glaube, dass ihr vor der Citizens' Assembly gar nicht klar war, was Politik eigentlich ist. Der amerikanische Politikwissenschaftler Benjamin Barber hat es so ausgedrückt: Politik bedeute, inmitten von Unsicherheit und Uneinigkeit über Dinge zu entscheiden, die uns alle angehen. Und genau das hat Louise Caldwell gemacht. Gemeinsam mit anderen.

ABER DAS KÖNNEN MENSCHEN DOCH NICHT!
Antworten auf Einwände und Zweifel

War Irland nicht bloß eine glückliche Ausnahme? Sind die meisten Menschen nicht viel zu unwissend, um politisch komplexe Entscheidungen zu treffen?

1957 begründete der Politikwissenschaftler Anthony Downs in seinem bekannten Buch ›Ökonomische Theorie der Demokratie‹ das Rational-Choice-Modell. Ihm zufolge stellen Bürger eine Kosten-Nutzen-Rechnung auf: Kann ich mit meiner Stimme so viel bewirken, dass es sich auszahlt, mich zu informieren? Und weil etliche diese Frage verneinen, beschließen sie, so glaubt Downs, ganz bewusst, diese ignoranten Wesen zu sein, denen man eine politische Betätigung nicht zutraut. Doch was wäre, wenn man ihnen mehr Einfluss zubilligt? Würde man ihnen dadurch nicht den nötigen Anreiz geben, damit sie sich gründlicher mit Politik beschäftigen? Und ist unser System, obwohl wir das Ideal des mündigen Bürgers vor uns hertragen, am Ende womöglich verantwortlich für die politische Unmündigkeit einiger Menschen?

Tatsächlich stellten die Schweizer Wissenschaftler Matthias Benz und Alois Stutzer fest, dass in einer Befragung von EU-Bürgern diejenigen, in deren Heimat Referenden zu

Europa stattgefunden hatten, Sachfragen zum Staatenbund am besten beantworten konnten, unter anderem wie der EU-Kommissar des eigenen Landes heißt und wie viele Mitgliedsstaaten es insgesamt gibt.

Nur handelt es sich dabei um sehr oberflächliches Wissen, das man sich leicht aneignen kann und das alles andere als bewusstseinsverändernd wirkt. Ob es nun 24 oder 28 Staaten sind, wird aus einem EU-Anhänger keinen Gegner machen. Wichtiger ist die Frage, wie man starre Grundsatzmeinungen dem Diskurs zugänglich macht. Sie sind es nämlich, die die Gesellschaft spalten, und gerade auf diese tiefen Überzeugungen haben Fakten kurioserweise oft den geringsten Einfluss. Als gehorche unser Denken einem Trägheitsgesetz, nehmen wir am liebsten Informationen zur Kenntnis, die uns nicht dazu bringen, unsere Glaubenssätze zu überprüfen. Sehr eindrucksvoll zeigte das eine Untersuchung, in der Menschen zunächst in zwei Gruppen geteilt wurden, je nach ihrer Haltung zur Todesstrafe. Dann wurden beide mit Material zum Thema versorgt, und obwohl alle dieselben Studien und Texte bekamen, waren die einen danach noch überzeugter von der Todesstrafe und die anderen lehnten sie umso heftiger ab.

Deliberation macht uns klüger

Schaffen innovative demokratische Formen da Abhilfe? Zunächst macht es natürlich einen Unterschied, dass sich Menschen auf Bürgerversammlungen viel intensiver als sonst mit einem Thema auseinandersetzen. Kann man sich der Grausamkeit unserer Massentierhaltung noch verschließen, nachdem man sich ein ganzes Wochenende lang damit beschäftigt hat, dass Ferkel ohne Betäubung kastriert und massenhaft männliche Küken getötet werden – und nicht wie sonst schnell weiterscrollen kann? Und könnte man dieses Wissen, wenn es einmal verinnerlicht ist, anschließend jemals wieder so weit verdrängen, dass man weitermacht wie bisher?

Während man sich im Alltag äußerst wirkungsvoll gegen unliebsame Fakten abschotten kann und in der eigenen Blase sowieso viel zu selten mit abweichenden Ansichten konfrontiert ist, zeigen Untersuchungen, dass Teilnehmer von Bürgerversammlungen bereit sind, auch Fakten zu berücksichtigen, die in ihnen eine unangenehme kognitive Dissonanz erzeugen. Bei einem Deliberationsforum, das James Fishkin in Manchester organisierte, trafen sich 301 zufällig ausgewählte Briten, hörten zwei Tage lang Experten zum Thema Kriminalität, diskutierten in Kleingruppen, und prompt bewegte sich etwas. Anfangs waren die meisten der Auffassung gewesen, dass man mehr Menschen inhaftieren und zusätzliche Gefängnisse bauen müsse, am Ende hatte fast die Hälfte der Teilnehmer ihre ursprüngliche Meinung revidiert. Nun fanden sie, dass man für Personen, die keine Bedrohung darstellen, alternative Strafformen finden müsse. Wahrscheinlich auch weil sie erfahren hatten, wie teuer Haftanstalten sind und dass Großbritannien, gemessen an der Bevölkerung des Landes, sowieso die meisten Gefangenen Westeuropas hat.

Um also auf die Ursprungsfrage zurückzukommen: Sobald man Menschen stärker beteiligt, informieren sie sich besser, und mit den richtigen Gesprächsvoraussetzungen steigt auch ihre Bereitschaft, andere Sichtweisen zu berücksichtigen.

Mehr als die üblichen Verdächtigen

Ein weiterer Einwand gegen Bürgerversammlungen lautet: Da machen doch nur ganz bestimmte Leute mit, gutsituierte ältere Damen und Herren, alle anderen haben für so etwas gar keine Zeit. Und tatsächlich besteht die Gefahr, dass zu einer Bürgerversammlung ausschließlich die Rentner erscheinen, die man zufälligerweise angesprochen hat, und der Altersdurchschnitt am Ende über 65 liegt, aber glücklicherweise gibt es inzwischen ausgeklügelte Verfahren, mit denen man dieses Problem der Selbstselektion in den Griff bekommt.

So entschied sich die irische Regierung bei der Auswahl der 99 Bürger und Bürgerinnen für eine sogenannte stratifizierte Stichprobe. Hier achtet man darauf, dass vorher festgelegte Untergruppen zahlenmäßig angemessen vertreten sind. In Irland waren Alter, Geschlecht, Region und soziale Schicht die zentralen Kriterien. Es reichte demnach nicht, dass sich am Ende einfach 99 aller zufällig angesprochenen Iren zur Teilnahme an der Bürgerversammlung bereit erklärten, sondern es musste eine ganz bestimmte Anzahl von Frauen und Männern, Jungen und Alten, Dörflern und Städtern, Armen und Reichen unter diesen 99 Menschen sein. Der deutsche Bürgerrat bezieht zusätzlich Menschen mit Migrationshintergrund ein.

Doch kommt dann auch wirklich jeder zu Wort? Der Politikwissenschaftlerin Iris Marion Young zufolge haben bestimmte Bevölkerungsgruppen einen strategischen Vorteil, zum Beispiel Männer, weil sie dominanter auftreten. In einer amerikanischen Untersuchung von fünf Diskussionsgruppen zu Themen wie Bildung, Gesundheit und Wahlen konnte jedoch nachgewiesen werden, dass das nicht unbedingt stimmt. Die Menschen aus den höheren Schichten redeten zwar länger, wenn sie einmal das Wort ergriffen hatten, äußerten sich dafür aber insgesamt seltener. Gebildete Personen taten mit größerer Wahrscheinlichkeit ihre Meinung kund, begründeten diese jedoch weniger – waren also eigentlich die schlechteren Deliberatoren. Und bei den Themen Bildung und Gesundheit waren es die Nichtweißen, die deutlich mehr sagten.

Spannend ist auch, auf welche Weise nichtprivilegierte Teilnehmer etwaige Diskussionsnachteile wettmachen. So fanden John Lee und Francesca Polletta heraus, dass Angehörige von Randgruppen häufig anekdotische Belege für ihre Meinung bringen und Geschichten aus ihrem Leben erzählen – was mitunter sogar wirkungsvoller als die Argumentation mit Zahlen, Daten und Fakten ist.

Beim deutschen Bürgerrat sorgen außerdem ganz pragmatische Maßnahmen dafür, dass jeder Gehör findet. So gibt es die Regel, dass keiner ein zweites Mal sprechen darf, bevor nicht jeder mindestens einmal etwas zur Diskussion beigesteuert hat. Und in Irland setzte man die Stillen zusammen an einen Tisch.

Menschen können meist genau das, was man ihnen zutraut. Sie werden durch Deliberation klüger. Es gibt die notwendigen statistischen Methoden, um alle zu beteiligen, und selbst benachteiligte Personen finden Mittel und Wege, um sich mitzuteilen. Das sind starke Argumente. Das Beste finde ich jedoch durch Zufall in einem der Lieblingsbücher meiner neunjährigen Tochter. »Es ist merkwürdig, Harry«, sagt Albus Dumbledore, der Schulleiter von Hogwarts, zum Zauberschüler Harry Potter. »Aber diejenigen, die nie nach Macht strebten, sind vielleicht am besten geeignet, sie auszuüben. Diejenigen, denen die Führung aufgedrängt wird wie dir und die dann das Zepter übernehmen, weil sie es müssen, und zu ihrer eigenen Überraschung feststellen, dass es ihnen gut steht.«

Vom »zwanglosen Zwang des besseren Arguments«

Eins ist ganz wichtig. Auch wenn ich es persönlich richtig finde, wie die Menschen in Irland entschieden haben: Worauf es bei einer Bürgerversammlung ankommt, ist weniger das Ergebnis als vielmehr der Prozess. In einer gelungenen Deliberation haben Menschen gesprochen und geschwiegen, haben sich mitgeteilt und zugehört, haben Gemeinsamkeiten gesucht und Unterschiede ausgehalten, haben Fakten und Gefühle sortiert, haben den Perspektivwechsel geübt und Empathie entwickelt, sodass sie sich am Ende zwar nicht unbedingt einig sind, aber einander zumindest besser verstehen.

Jürgen Habermas sprach in Bezug auf Deliberation vom »zwanglosen Zwang des besseren Arguments«. Ich glaube hingegen, es gibt kein besseres Argument, sondern mehrere unterschiedliche, hinter denen meist berechtigte Positionen stecken, für die ein Ausgleich gefunden werden muss. Gäbe es in einer deutschen Stadt eine Bürgerversammlung zur Verkehrswende, müsste man erst einmal Fakten sprechen lassen. Experten würden wahrscheinlich anmerken, dass auf einem Radweg von 2,5 Meter Breite 5900 Menschen pro Stunde unterwegs sind und auf einer Autostraße nur 1300.[9] Dann würde man jedoch auch klar und deutlich benennen, was die Forderung nach breiten Radwegen bedeutet – nämlich dass Menschen auf ihre Autoparkplätze direkt vor dem Haus verzichten müssen. Zu überlegen wäre hier, wie man diesen Verlust so gestaltet, dass er hinnehmbar ist. Oder es braucht mehr innovative Lösungen wie Kopenhagens Fahrradschlange, eine 235 Meter lange und vier Meter breite Hochstraße, die den Radfahrern vorbehalten ist. In jedem Fall müssten alle Anwesenden spüren, dass ihre Interessen berücksichtigt werden.

Wie zentral dieses Bedürfnis nach Anerkennung ist, zeigt eine Geschichte, die mir Frank Richter, der frühere Leiter der Sächsischen Landeszentrale für politische Bildung, erzählte. Im Sommer 2011 bat ihn der Dresdener Oberbürgermeister, eine Arbeitsgruppe zum 13. Februar zu moderieren, dem Jahrestag des Dresden-Bombardements. Im Jahr zuvor hatten die Neonazis diesen Anlass zu Aufmärschen benutzt, und die Zivilgesellschaft hatte sich nicht geschlossen gegen sie gestellt. In der Arbeitsgruppe saßen Vertreter von Parteien, Kirche, Kultur und Wirtschaft, um zusammen eine Strategie zu entwickeln, doch so richtig kamen die Gespräche nicht in Schwung. Der Knoten platzte erst, als Richter für das Abschlusspapier folgenden Satz formulierte: »Es stört uns, wenn in der Öffentlichkeit der Eindruck entsteht, dass die Art und Weise, wie die anderen mit dem 13. Februar umgehen, moralisch höherwertig ist als die Art und Weise, wie wir mit dem 13. Februar umgehen.«

Auf diese Aussage konnten sich sämtliche Teilnehmer der Arbeitsgruppe einigen, weil sie sich offenbar alle ins Unrecht gesetzt gefühlt hatten, und danach konnten sie auch endlich kooperieren.

Platon hat seine Werke in Dialogform geschrieben, es sind fiktive Gespräche, da die Wahrheitssuche im besten Fall ein gemeinschaftliches Unterfangen ist. Dieselbe Haltung braucht es in deliberativen Prozessen, und das ist nicht leicht in Zeiten, in denen Menschen zunehmend den Wunsch verspüren, sich abzugrenzen. Das gilt sogar für jene, die sich liberal nennen. Wer, für den es völlig außer Frage steht, dass Homosexuelle das Recht haben zu heiraten, möchte sich auf die Gedankenwelt eines Menschen einlassen, der das anders sieht?

Daniel Schily, einer der Mitbegründer von Democracy International, der auch auf der Irlandreise dabei ist, sagt mir, er frage solche Leute gern, ob es für sie auch in Ordnung wäre, falls drei Personen heiraten würden. Einfach um ihnen klarzumachen, dass selbst sie nicht grenzenlos offen sind.

Der Wert einer Deliberation bemisst sich also nicht an ihrem Ergebnis, aber ein überraschendes Resultat ist meiner Meinung nach ein gutes Zeichen – weil es beweist, dass die Deliberation die Menschen verändert hat.

Nachdem im chinesischem Zeguo 235 Zufallsbürger – wieder von James Fishkin organisiert – ein Wochenende lang über 30 mögliche Infrastrukturprojekte beraten hatten, erschien ein schicker neuer Platz am Ende nicht mehr so erstrebenswert wie zu Beginn der Deliberation. Stattdessen plädierte die Mehrheit für einen Park sowie eine Straße, die verschiedene Bezirke verbindet. Ein Ergebnis, das die Auftraggeber so nicht erwartet hatten. Genau wie bei einem Deliberationsforum von europäischen Bürgern, in dem die Zustimmung für eine Erweiterung des Staatenbundes im Laufe der Diskussionen dramatisch abnahm. Oder einem Deliberationsforum zu erneuerbaren Energien in Texas.

Nach zwei Tagen war die Bereitschaft der Texaner, monatlich mehr zu zahlen, falls dafür alternative Stromquellen genutzt werden, von 52 auf 84 Prozent gestiegen.

2007 führte James Fishkin ein Deliberationsforum in einer zutiefst gespaltenen Gesellschaft durch. Im nordirischen Omagh war 1998 eine Autobombe der IRA hochgegangen, 29 Menschen wurden getötet und mehr als 300 verletzt. Und ausgerechnet dort sprachen 127 Katholiken und Protestanten nun darüber, ob die zwei Konfessionen in der Bildung stärker kooperieren sollten. Die Deliberation dauerte nur einen Tag, und doch wurden offensichtlich Feindbilder abgebaut. Hatten anfangs 36 Prozent der Katholiken die Meinung vertreten, dass man mit Protestanten vernünftig reden könne, waren es am Ende des Tages immerhin 52 Prozent.

Nicht zuletzt profitieren auch Politiker von Deliberation. »In der Bürgerversammlung habe ich gemerkt, wie viel schwerer es ist, Entscheidungen zu treffen, als sich nur zu beschweren«, sagt Louise Caldwell. Seitdem habe sie größeren Respekt vor Politikern. »Diesen Beruf zu machen, stelle ich mir ein bisschen so vor, wie sich ständig gegen eine Wand zu werfen, aus der Pfeilspitzen ragen.« Die Bürgerversammlung hat ihrer Meinung nicht nur konkrete Resultate hervorgebracht, sondern auch eine Atmosphäre des gegenseitigen Wohlwollens erzeugt. Und als wir Enda Kenny fragen, was Deutschland von Irland lernen könne, sagt er nur einen Satz: »Hört auf die Menschen. Sonst erodiert die Mitte.«

ZU BESUCH IM DEMOKRATIELABOR. Experimente in anderen europäischen Ländern

Madrid: »Die Stadt gehört uns, deshalb sind wir jetzt dran«

Auf der Suche nach weiteren erfolgreichen Demokratieexperimenten fahre ich nach Madrid. Dort habe ich mich mit Pilar Montero Vilar verabredet. Pilar, Jahrgang 1968, stammt aus Santiago de Compostela und kam zum Kunststudium nach Madrid, lernte hier ihren Mann kennen und bekam drei Kinder. Heute berät sie Museen und sagt ihnen, was sie tun können, um in Notfällen ihre Gemälde zu schützen, zum Beispiel wenn eine terroristische Attacke droht. Zu Pilars Klienten zählen das Madrider Museo Nacional Centro de Arte Reina Sofia, in dem Pablo Picassos ›Guernica‹ hängt, und weitere Ausstellungshäuser in den Erdbebengebieten Spaniens.

Mitte Februar 2019 fand Pilar einen quietschgelben Umschlag in ihrem Briefkasten, in dem stand, ihr Haushalt sei zufällig ausgewählt worden, da die Regierung Bürger für ein neues politisches Gremium namens Observatorio de la ciudad suche, das die Geschicke Madrids künftig mitgestalten solle. Ob es in ihrer Familie jemanden gebe, der Lust habe mitzumachen? Die einzige Voraussetzung: Er oder sie müsse mindestens 16 Jahre alt sein.

»Wir haben diese Briefe absichtlich rund um den Valentinstag verschickt«, erzählt mir Pablo Soto. »Wir dachten, das sei eine schöne Geste.« Pablo Soto gehört der Bewegung Ahora Madrid an, die 2015 eine knappe Mehrheit in der spanischen Hauptstadt errang und sich als instrumentelle Partei versteht. »Wir sind angetreten, um den politischen Betrieb zu erneuern«, sagt Soto. Ein bisschen erinnert mich das an die deutschen Piraten, auch weil Soto Programmierer ist, aber insgesamt erscheinen er und seine Parteifreunde mir deutlich interessierter an der Welt jenseits des Computerbildschirms als die Piraten. Bürgermeisterin der Millionenstadt ist die ehemalige Richterin Manuela Carmena geworden, die sich dem Kampf gegen verstopfte Straßen und schlechte Luft verschrieben hat. So hat sie das historische Zentrum zur Fußgängerzone erklärt und verfügt, dass manche Straßen zeitweilig für den Autoverkehr gesperrt werden, damit Kinder dort ungestört spielen können. Außerdem hat sie in ihrer Amtszeit Radwege anlegen und überall in Madrid Fahrräder verteilen lassen, die man für wenig Geld entleihen kann.

Zu unserem heutigen Treffen ist Pilar mit einem dieser Räder gekommen. »Vor einigen Jahren sind ganze Tage vergangen, ohne dass man einen einzigen Radfahrer auf Madrids Straßen gesehen hat. Das ist nun anders«, sagt sie. Auch der Ort, an dem wir uns verabredet haben, erzählt von dem Wandel, der sich vollzogen hat. In dem Art-déco-Gebäude mit der grauen Fassade, in dem wir sitzen, war früher das Wirtschaftsministerium untergebracht, nun ist hier das Amt für Bürgerbeteiligung, Transparenz und offene Regierung. »Transparenz heißt, dass du alles wissen kannst«, steht auf einem Plakat an der Wand, und auf einem zweiten prangt der Slogan: »Nuestra ciudad, nuestro turno«, was so viel heißt wie: »Die Stadt gehört uns, und deshalb sind wir jetzt dran.«

2016 hat das Team rund um Manuela Carmena und Pablo Soto den Bürgerhaushalt eingeführt. Seitdem entscheiden die Madrilenen selbst darüber, für welche Projekte sie eine Summe von zuletzt 100 Millionen Euro im Jahr verwenden wollen. Außerdem gibt es eine Online-Plattform, auf der jeder seine Vorschläge für Veränderungen in Madrid formulieren und andere über sie abstimmen lassen kann. Aufgabe der Zufallsbürger aus dem Observatorio ist es, über die beliebtesten Anliegen zu beraten. Finden sie es gut, wird es eins zu eins umgesetzt. Genauso gut können sie es auch ablehnen oder ergänzen. Das gibt den Bürgern große Macht und entzieht sie dafür dem Parlament. »Das stört vielleicht Politiker, doch als solche verstehen wir uns nicht«, sagt Pablo Soto.

Die Auswahl der 49 Zufallsbürger war eine organisatorische Meisterleistung. 30 000 der insgesamt 1 289 317 Haushalte in Madrid hatten einen der gelben Briefe erhalten, 1135 meldeten sich zurück, dann ging die Feinjustierung los, damit Menschen jedes Alters und Geschlechts und aus sämtlichen Wohngegenden angemessen vertreten waren. Zusätzlich bekamen alle Mitglieder mehrere Stellvertreter. Innerhalb eines Jahres trifft sich das Observatorio mindestens acht Mal, immer samstags, und pro Arbeitstag gibt es eine Aufwandsentschädigung von 65 Euro.

In Pilars Familie meldeten sich gleich zwei Interessenten. »Mein Mann, der ist zu schüchtern, der sagte, ich solle das lieber machen. Aber mein Sohn, der hatte gerade seinen 16. Geburtstag und wollte auch.« Und obwohl sie ihm sonst liebend gern den Vortritt lässt: Diese Gelegenheit wollte sich Pilar nicht entgehen lassen. »Mein Sohn hat ja noch sein ganzes Leben Zeit.«

Am 30. März wurden die Zufallsbürger von der Bürgermeisterin Manuela Carmena im Parlament begrüßt, an der Wand ein prunkvolles Gemälde des spanischen Königs. Pilar hatte sich zur Feier des Tages eine »Thelma und Louise«-Brosche angesteckt, bekam einen roten Ausweis mit der Nummer 38, und dann widmeten sich die Zufallsbürger dem Vorschlag, der in den vergangenen Monaten die meisten Stimmen im Netz bekommen hatte: Madrid für die Kinder verbessern.

An dieser Stelle lohnt es sich, kurz innezuhalten. Da denkt man, wir leben in polarisierten Zeiten, wo Menschen die krassesten Forderungen stellen, und dann wird so ein harmloser und lebensbejahender Wunsch auf den ersten Platz gewählt, der sich jeder politischen Einsortierung entzieht. Das Recht von Kindern zu spielen, das passt nicht in das übliche Links-rechts-Schema, das ist nicht ideologisch, nicht zugespitzt und kein bisschen demagogisch. Ist das nicht beruhigend?

Pilars Kinder sind dem Spielplatzalter schon entwachsen,

doch erinnert sie sich noch gut daran, wie schwierig es war, wenn sie früher buddeln oder Roller fahren gehen wollten. Es gab einfach kaum geeignete Orte. Jetzt haben die Zufallsbürger die Transparenzbehörde erst einmal um eine genaue Auflistung aller bestehenden Spielstätten gebeten, sowohl draußen als auch drinnen, dann wollen sie weiter überlegen.

Etwa einen Monat nach meinem Besuch verliert das Bündnis um Manuela Carmena bei den Wahlen seine hauchdünne Mehrheit. Das Observatorio wird dennoch bleiben und damit eine grundsätzliche Erkenntnis: Es gibt Ideen und Wünsche, die so wichtig für das Allgemeinwohl sind, dass sie keiner Partei allein gehören dürfen.

Ostbelgien: Ein Ministerpräsident schreibt Geschichte

Ich reise weiter nach Ostbelgien, wo ich Oliver Paasch treffe, den Ministerpräsidenten der deutschsprachigen Gemeinschaft. Nur 77 000 Menschen leben hier, damit ist Ostbelgien der kleinste belgische Teilstaat, und trotzdem haben sich bei Oliver Paasch viele Gäste angekündigt, darunter Journalisten von ›El Pais‹ und ›Le Monde‹. Sie alle kommen, da Paasch etwas plant, das weltweit einzigartig ist. In Irland traf sich die Citizens' Assembly an insgesamt zwölf Wochenenden zwischen Oktober 2016 und April 2018, dann war es vorbei. Natürlich spräche nichts dagegen, bei schwierigen Fragen eine weitere Citizens' Assembly einzuberufen, die Iren sind offen dafür, aber dauerhafte Aufnahme ins politische System hat das Verfahren nicht gefunden. In Ostbelgien will man die Bürgerversammlung dagegen institutionalisieren. »Einerseits sind wir klein, wir leben hier auf 854 Quadratkilometern, andererseits sind wir gleichberechtigter Partner der restlichen Bundesländer in Belgien, haben ein eigenes Parlament und können Gesetze erlassen«, sagt Oliver Paasch. »Das macht uns zum perfekten politischen Labor.«

Es war im Jahr 2016, dass Paasch das Buch ›Gegen Wahlen. Warum Abstimmen nicht demokratisch ist‹ seines Landsmanns David Van Reybrouck in die Hände bekam. Paasch hatte das leidenschaftliche Plädoyer für deliberative Demokratie nach drei Nächten ausgelesen und flog nach Berlin, wo Van Reybrouck damals wohnte. Gemeinsam heckten sie einen Plan zur Erneuerung der Demokratie aus. »Wurde ein Gremium von Zufallsbürgern, wie Sie es beschreiben, schon ernsthaft irgendwo eingeführt?«, fragte der Politiker. »Nein«, antwortete der Historiker. »Aber Sie haben die Chance, Geschichte zu schreiben.«

So einen Satz hören Politiker natürlich gern. Der Gerechtigkeit halber muss man allerdings anmerken, dass Paasch kein typischer Politiker ist. Er gehört der freien Bürgerliste an, die ganz bewusst keinen Parteiapparat hat und eher pragmatisch als ideologisch handelt, auch wenn Paasch sagt, dass er sich den sozialdemokratischen Idealen verpflichtet fühlt. Um den Zustand der repräsentativen Demokratie macht er sich Sorgen; in unserem Gespräch benutzt er Bilder, die an Unfälle erinnern: Das System werde an die Wand fahren, es werde Schiffbruch erleiden und so weiter. David

Van Reybroucks Buch bestätigte ihn darin, dass eine andere Politik möglich ist, und das gefiel ihm.

Zunächst unternahmen Oliver Paasch und etwa 20 Abgeordnete eine demokratische Studienreise. Zu den Stationen ihrer einwöchigen Tour zählten die Schweiz und eine Gemeinde in Luxemburg. Dann startete Paasch ein Pilotprojekt. Im Herbst 2017 trafen sich 26 zufällig ausgesuchte Bewohner und Bewohnerinnen Ostbelgiens zum sogenannten Bürgerdialog. Eine von ihnen war Elisabeth Wimmenauer. Als ich sie besuche, liegen Karotten und Möhren auf dem Fensterbrett, und wir sitzen so, dass wir die Reithalle hinter ihrem Haus im Blick haben. Elisabeth Wimmenauer ist Hippotherapeutin mit neun eigenen Pferden, gerade hatte sie eine Frau mit Schädelhirntrauma da, die seit neun Jahren kommt und heute die Zügel beim Traben das erste Mal nicht umklammert hat. »Viele kleine Schritte ergeben einen großen Schritt«, sagt Elisabeth Wimmenauer.

Bestimmt will sich jemand zum Reiten anmelden, war ihr erster Gedanke, als eines Samstags im Sommer 2017 ihr Telefon klingelte. Stattdessen wurde ihr mitgeteilt, dass sie für ein neues politsches Gremium ausgelost worden sei. Genau wie Louise Caldwell in Irland sagt auch Elisabeth Wimmenauer, sie sei eigentlich kein politischer Mensch. Wahlprogrammen traut sie nicht so richtig, bei Politikern vermisst sie die Bodenhaftung. Trotzdem fragte sie sofort ihren Mann, ob er in ihrer Abwesenheit die Pferde füttern könne.

Drei Tage dauert der Bürgerdialog, es geht um Kinderbetreuung, ein Thema, das zunächst nicht zu emotionalen

Aufwallungen einzuladen scheint, aber weit gefehlt. Zwischendurch geht es in den Sitzungen hoch her. Die einen finden, es gebe zu wenig Betreuungsplätze, die anderen finden, die Eltern würden zu viel arbeiten. Eine Frau wird sogar ziemlich laut: Ein Kind gehöre zur Mutter, ganz eindeutig!

Ich spreche mit Natasha Walker, die den Bürgerdialog moderiert hat. Die Emotionen dabei haben sie nicht überrascht. »Es gibt keine reinen Sachthemen. Und wer das nicht anerkennt, hat schnell einen Elefanten im Raum.« Natasha Walker, die viel Erfahrung hat, weil sie solche politischen Prozesse seit 1995 begleitet, versucht deshalb, die negativen Gefühle, die Menschen eher verdrängen, gleich zu Beginn zu adressieren. Beim Bürgerdialog hängte sie beispielsweise Artikel auf, in denen berufstätige Frauen als Rabenmütter bezeichnet wurden. »Das gehört sofort auf den Tisch«, sagt sie. »Sonst schwingt es die ganze Zeit unterschwellig mit.«

Ich denke an eine Bekannte, die schon ein paar Wochen nach der Geburt des ersten Kindes ihren Beruf wiederaufnahm, während ich länger zu Hause blieb. Ausführlich gesprochen haben wir darüber nie. Vielleicht auch weil wir insgeheim fürchteten, unseren eigenen Lebensentwurf infrage gestellt zu sehen.

In einem zweiten Schritt sollten die Teilnehmer die Bewertungen hinter sich lassen. Die Erkenntnis, die sich nun herausbildete, beschreibt Natasha Walker so: »Wir können für die vielen denken, nicht nur für uns.« Um sicherzugehen, dass sich wirklich alle mitgenommen fühlten, erkundigte sich Natasha Walker regelmäßig bei den Anwesenden, wie sie die Zwischenergebnisse auf einer Zahlenskala bewerten würden. Gab jemand eine schlechte Note, fragte sie ganz genau nach: Was müsste sich ändern, damit du statt einer Fünf eine Zwei gibst?

Elisabeth Wimmenauer hat ihren Sohn aus Überzeugung zu Hause behalten, bis er drei war. »Er sollte viel draußen sein und auch sonst möglichst frei aufwachsen. Ich wollte auf keinen Fall, dass Erwachsene ihm sagen, eine Sonne müsse gelb sein und Gras grün, wenn er malt. Und genau das passiert in Kindergärten oft.« Während des Bürgerdialogs hat sie gute Argumente für die andere Seite gehört. Das habe sie anregend gefunden, sagt sie, und die Empfehlungen an die Regierung hat sie am Ende guten Gewissens unterschrieben. Zwar hieß es darin, die Kinderbetreuung müsse dringend ausgebaut werden, aber enthalten war auch ein Satz, der ihr sehr wichtig war. Nämlich dass es aus Sicht des Kindeswohls nicht ratsam sei, einer Tagesmutter fünf Kinder gleichzeitig anzuvertrauen.

Die Zufallsbürger regten außerdem ein Leihoma- und Leihopa-System an, sprachen sich für Betriebskindergärten und Tagesmütterhäuser in jedem Dorf aus und forderten, dass Hebammen den Eltern während des gesamten ersten Lebensjahres als Ansprechpartner zur Verfügung stehen.

Was Elisabeth Wimmenauer sehr überraschte, war eine Einladung, die sie etwa ein Jahr nach dem Bürgerdialog erreichte. In einem extra anberaumten Termin wollte die Regierung die Zufallsbürger darüber informieren, was von ihren Wünschen umgesetzt worden sei. »Sie haben das wirklich ernst genommen«, sagt Elisabeth Wimmenauer und klingt immer noch ein wenig verwundert.

Um das, was ein Testballon gewesen war, als reguläres politisches Instrument zu etablieren und es nicht zum Gegenstand von Parteiengezänk zu machen, lud Oliver Paasch 14 Wissenschaftler aus Ländern wie Irland, Polen und Frankreich ein und bat sie, ein Demokratiekonzept für Ostbelgien zu entwickeln. Drei Tage saßen sie in einem Kloster und stellten ihre Idee schließlich jeder Fraktion einzeln vor. Natürlich gab es kleine Einwände und Nachfragen, die Höhe der Entschädigung wurde erst reduziert und dann wieder erhöht, aber grundsätzlichen Widerspruch hörten sie nicht. Oliver Paasch konnte sein Glück kaum fassen. Es war kurz vor den Wahlen und alle waren eigentlich schon im Kampfmodus. Würden die übrigen Parteien wirklich ein prestigeträchtiges Projekt unterstützen, das er angestoßen hatte? Schwer vorstellbar. Doch selbst ein ungewöhnlicher Politiker wie Paasch stellt manchmal fest, dass auch gewöhnliche Politiker für eine Überraschung gut sind. Der Vorschlag, die Mitsprache von Zufallsbürgern fest zu institutionalisieren, wurde von den ostbelgischen Abgeordneten einstimmig angenommen.

Zukünftig wird es sogar zwei neue Institutionen in Ostbelgien geben – einen ständigen Bürgerrat, der die Themen festlegt, und eine Bürgerversammlung, die diese dann bearbeitet. Im ersten Bürgerrat werden Politiker und Bürger gemeinsam sitzen. Später werden seine 24 Mitglieder aus all jenen Menschen ausgelost, die in Ostbelgien bereits an einer

Bürgerversammlung teilgenommen haben. Insgesamt sind die Bürgerräte 18 Monate im Amt, wobei alle sechs Monate ein Drittel von ihnen ausgetauscht wird.

Die Bürgerversammlung besteht aus 25 bis 50 zufällig ausgewählten Bürgern, die einen repräsentativen Querschnitt aus der Bevölkerung darstellen. Berücksichtigt werden dabei Alter, Geschlecht, Wohnort und Ausbildung. Wie die Wissenschaftler ausgerechnet haben, wird fast jeder Ostbelgier im Laufe seines Lebens einmal bei einer Bürgerversammlung mitgemacht haben. Binnen eines Jahres werden ein bis drei themenbezogene Bürgerversammlungen abgehalten, jedes Mal werden neue Bürger zusammengerufen, die am Ende ihrer Deliberation eine Empfehlung an das Parlament abgeben. Allerdings ist diese nicht bindend, obwohl die Wissenschaftler sich das gewünscht hatten.

»Das wäre rechtlich einfach nicht machbar gewesen«, sagt Parlamentspräsident Alexander Miesen, als ich ihn besuche. »Wir sind sowieso schon bis an die Grenzen der Verfassung gegangen.« Dafür haben sie sich andere Verpflichtungen auferlegt. Werden Empfehlungen nicht umgesetzt, müssen Minister und Abgeordnete den Bürgern in einer Sitzung Rede und Antwort stehen und erklären, warum sie nicht auf sie gehört haben. Außerdem garantieren die Politiker eine weitere Stellungnahme nach Ablauf von zwölf Monaten. »Wir haben es uns selbst möglichst schwer gemacht, gegen die Wünsche der Bürger zu handeln«, sagt Alexander Miesen. Warum sie diesen Schritt überhaupt gegangen seien, frage ich ihn. »Die Wut der Menschen ist groß. Wir dürfen sie nicht noch größer werden lassen«, antwortet er mir.

»Und wissen Sie was? Es tut mir in der Seele gut, mit Bürgern zu reden.«

Irland. Madrid. Ostbelgien. Alles beeindruckende Beispiele, von denen man viel lernen kann.

Und Deutschland?

LUFT NACH OBEN: Deutschland und das ungenutzte Potenzial

An einem Frühlingstag treffe ich Jorina Suckow in einem Café nahe der Hamburger Universität. Sie ist 26 Jahre alt und Juristin. Im September 2016 bekam sie einen Anruf: Ob sie sich für die Endlagersuche von radioaktivem Müll interessiere. Jorina Suckow lernte damals gerade für ihr Staatsexamen, eine Zeit, in der die meisten Jurastudenten gänzlich abtauchen, doch fand sie das Thema so wichtig, dass sie Ja sagte.

Seit dem 1. Dezember 2016 gehört sie zum Nationalen Begleitgremium, das aus insgesamt sechs Experten und fünf Bürgern besteht und von Bundesrat und Bundestag eingesetzt wurde, damit sich so etwas wie der Protest von Gorleben nicht wiederholt. 1977 sollte dort Atommüll eingelagert werden, doch das Vorhaben scheiterte am Widerstand der Bevölkerung. Deshalb versucht man es jetzt mit Bürgerbeteiligung und Transparenz. Gestartet ist man mit einer weißen Landkarte, die sich langsam füllt. Insgesamt müssen 30 000 Kubikmeter Atommüll entsorgt werden, geeignet sind Gegenden, wo die drei möglichen Wirtsgesteine – Ton, Granit und Salz – vorkommen. Regionen mit vulkanischer

Aktivität sind ausgeschlossen. Auch was passiert, falls es eine weitere Eiszeit gibt, muss erwogen werden.

Das Nationale Begleitgremium soll diese Standortsuche kritisch begleiten. Vor Kurzem stand Jorina Suckow, die in ihrem Examen trotz der Ablenkungen durch Atommüll eine Prädikatsnote bekommen hat, das erste Mal vor einem drei Meter großen Castor-Behälter, und sie war auch schon in Bergmannskluft unter Tage. Wirklich etwas zu entscheiden haben sie und die anderen allerdings nicht. Deshalb bezeichnen manche den Prozess als Maskerade und bemängeln außerdem, dass die Bürger nicht wirklich per Zufall ausgewählt wurden, sondern nach dem ersten Anruf ihre Eignung unter Beweis stellen mussten, indem sie beispielsweise einen Vortrag hielten.

Dass hierzulande nicht längst im großen Stil richtige Bürgerversammlungen abgehalten werden, ist umso merkwürdiger, da die Planungszelle ja aus Deutschland stammt. Meine Gesprächspartner in Irland, Spanien und Belgien kennen dieses Verfahren alle und haben sich einiges abgeschaut, und ausgerechnet in Deutschland nutzt man ihr Potenzial nicht voll aus.

»Ich stelle leider immer wieder fest, dass Politiker dem Verfahren die großen, kontroversen Fragen offenbar nicht zutrauen«, sagt Hans-Liudger Dienel, den ich in seinem Büro an der Technischen Universität in Berlin besuche.

Der promovierte Historiker und Professor hat die Planungszelle von seinem Vater Peter Dienel übernommen, der inzwischen gestorben ist, und führt mit seinem Nexus-Institut ein bis drei Planungszellen pro Jahr durch. Mehrmals hat er erlebt, wie ein Thema, um das es in der Planungszelle ursprünglich gehen sollte, ausgetauscht wurde, weil den Politikern das ursprünglich gewählte doch ein wenig zu heiß war. Deshalb ist Dienel umso glücklicher über den Bürgerrat, den er zusammen mit dem Verein Mehr Demokratie, dem Ifok-Institut und der Schoepflin Stiftung initiiert hat. »Die Teilnahme an einer Planungszelle kann ein demokratisches Erweckungserlebnis sein.«

Vor einiger Zeit war ich mit dem Leiter der Berliner Landeszentrale für politische Bildung verabredet. Damals hatte es in der Stadt einige brutale Vorfälle gegeben, bei denen die Täter am Ende mithilfe der Aufzeichnungen von Überwachungskameras gefunden wurden, so auch die Männer, die versucht hatten, einen Obdachlosen auf einem U-Bahnhof anzuzünden. Es folgte eine polarisierte Debatte zur Videoüberwachung im öffentlichen Raum, bei der Fakten und Gefühle wild durcheinandergingen. Insofern erscheint mir das Thema gut geeignet, um dazu eine Bürgerversammlung abzuhalten: Braucht Berlin mehr Videoüberwachung, und wenn ja, wo und wie? Die Diskussion mit dem Leiter der Landeszentrale ist spannend. Er findet, solche Zusammenkünfte von Zufallsbürgern seien vor allem bei Bebauungsfragen sinnvoll. Ich glaube dagegen, wir tun uns mit dieser Beschränkung keinen Gefallen.

Die Gefahr der Tapetendemokratie

Stellt man Menschen immer nur die Frage, ob irgendwo ein Gefängnis, eine Flüchtlingsunterkunft, ein Windkraftwerk oder ein neues Haus gebaut werden soll, das zwar Wohnraum schafft, aber dafür leider den Nachbarbalkon verschattet, beobachtet man einen Effekt, der mit lustigen Akronymen beschrieben werden kann, aber stets gleichermaßen unerfreulich ist. NIMBY. Not in my backyard. Nicht vor meiner Tür. NOOS. Not on our street. Nicht in unserer Straße. Oder schlichtweg: BANANA. Build absolutely nothing anywhere near anything. Bau absolut nichts irgendwo neben irgendetwas.

Während Bürgerversammlungen zu gesellschaftlich relevanten Themen Menschen dazu bringen, aufs Gemeinwohl zu achten, bringen städteplanerische Bürgerforen also eher Egoismen zum Vorschein. Außerdem sind sie Ausdruck von etwas, das der Politikwissenschaftler André Bächtiger in einem Gespräch mit mir als Tapetendemokratie bezeichnet. Der Bauplan steht, und nun dürfen die Bürger noch kurz schauen, ob sie lieber das gezackte oder das geblümte Tapetenmuster in der kleinen Abstellkammer hätten. Deshalb warnt Gisela Erler, die seit dem Stuttgart-21-Debakel Staatsrätin für Zivilgesellschaft und Bürgerbeteiligung in Baden-Württemberg ist, ausdrücklich davor, Bürger um Mithilfe zu bitten, wenn es eigentlich gar nichts mehr zu entscheiden gibt.

»Bitte starten Sie eine Bürgerbeteiligung nur dort, wo es echte Optionen gibt – und wo Sie auch innerlich offen für

Anregungen, Ideen, Änderungen sind«, schreibt die kluge Politikerin in ihren Empfehlungen. Und so einleuchtend das klingt: Die Wirklichkeit sieht anders aus. Im Mai 2018 lud der Berliner Senat alle interessierten Bürger ein, sich mit der Zukunft des Checkpoint Charlie zu beschäftigen. Fast 30 Jahre nach der Wende war immer noch eine große Brache rund um den bekanntesten Grenzübergang, an dem sich zu Mauerzeiten dramatische Szenen abgespielt hatten, und man veranstaltete Workshops, Ortsbegehungen und Diskussionen zu der Frage, was aus der Fläche werden solle. Dann stellte sich heraus, dass wichtige Weichen längst gestellt waren. Ein Investor hatte sich ein Teil des Grundstücks 2015 gesichert und auch schon mit dem Senat besprochen, was er an diesem historischen Ort bauen wollte: unter anderem ein Hard Rock Hotel mit 372 Zimmern.

Die Redeformate zwischen Bürgern und Politikern, die es in Deutschland gibt, oft Bügerdialoge genannt, überzeugen mich auch nicht, denn meist folgen sie einem ganz bestimmten Schema: Die Politiker reisen für einen Nachmittag oder Abend an, und die Bürger können ihnen den ganzen Ärger, den sie so haben, dann mal kurz vor die Füße kübeln. Für die schnelle Triebabfuhr ist das fabelhaft, auf lange Sicht erzeugt man so eher neue Frustrationen, da solche Veranstaltungen ein sehr rückständiges Demokratiebild bedienen: Sag denen da oben, was dich bedrückt, und sie bringen's für dich in Ordnung.

Wie viel weiter ist man in Irland, wo es neben der Citizens' Assembly noch eine zweite Versammlung gab, in der sowohl Zufallsbürger als auch Politiker vertreten waren. Gemeinsam diskutierten sie über drängende Fragen und sprachen sich nach hochemotionalen Diskusssionen zum Beispiel dafür aus, dass Homosexuelle das Recht haben sollten zu heiraten. In Deutschland bekundete Angela Merkel ihre Zustimmung zur Ehe für alle in einem Gespräch mit einer Frauenzeitschrift in einem Berliner Theater. Um einiges sinnvoller wäre es gewesen, wenn sie eine gesamtgesellschaftliche Debatte angezettelt hätte!

WARUM EINE GUTE KRISE VERSCHWENDEN?

Für ein neues politisches System

Ein großer Saal mit schwarzen Vorhängen. Auf dem grauen Boden sind zehn weiße Rechtecke aufgezeichnet, groß genug, damit sich mehrere Menschen hineinstellen können. Die ersten Personen betreten den Raum. Es sind ungefähr acht, dann kommen die Nächsten und kurz darauf wieder welche, und jede Gruppe hat ihre eigene Uniform, einen bestimmten Dresscode und charakteristische Merkmale. Es gibt Krankenschwestern, die einen weißen Kittel tragen, und es gibt Gangmitglieder, allesamt schwere Jungs mit Bomberjacken und Baseballcaps. Es gibt die Wohlhabenden, und es gibt die Armen. Es gibt die Menschen vom Dorf, und es gibt die aus der Stadt. Sie alle stehen irgendwann eingekästelt in ihrem weißen Rechteck, dicht an dicht mit den Mitgliedern ihrer eigenen Gruppe und deutlich separiert von den anderen.

Dann wird die erste Frage gestellt:

Wer von euch war ein Klassenclown?

Nach kurzem Zögern treten ein Mann mit Fußballschal und einer im grauen Anzug, eine Frau mit dunkler und eine mit heller Haut nach vorne. Und so geht es weiter.

Wer hat Stiefkinder?
Wer glaubt an ein Leben nach dem Tod?
Wer hatte in der vergangenen Woche Sex?
Wer tanzt gern?
Wer hat schon mal ein Ufo gesehen?
Wem wurde das Herz gebrochen?
Wer wurde in der Vergangenheit gemobbt?
Wer hat selbst gemobbt?
Wer ist Hals über Kopf verknallt?
Wer fühlt sich einsam?

Bei jeder Frage verlassen andere Menschen das Rechteck, in dem sie zuvor eingesperrt waren, gemeinsam mit all jenen, die diese Frage ebenfalls bejahen, und finden dadurch neue Zugehörigkeiten, von denen sie zuvor nichts geahnt haben.

Das ist der Inhalt eines Filmclips mit dem Titel ›All that we share‹, den ich 2016 im Netz entdeckte. Er dauert nur drei Minuten und war eigentlich Werbung für einen dänischen Fernsehsender. Trotzdem verbreitete er sich rasant, weil er offenbar eine Sehnsucht ansprach. Auch bei mir. Dieser Film drückt genau das aus, woran ich glaube: Wenn man alle Menschen einbezieht und Empathie füreinander entwickelt, wird man auch mit denen gemeinsamen Boden finden, die zunächst so gar nicht danach aussehen.

Als wir in Irland sind, sprechen wir zuletzt mit der Politikwissenschaftlerin Clodagh Harris. Drei ganze Tage sind vergangen, in denen wir Politiker, Bürger, Wissenschaftler und Journalisten getroffen haben, und ich glaube, jeder aus unserer Demokratie-Reisegruppe träumt zu diesem Zeitpunkt heimlich davon, einfach auf diese Insel zu ziehen, wo das Zusammenspiel aus repräsentativen, deliberativen und plebiszitären Elementen so gut funktioniert und die Menschen pragmatisch, unideologisch und mutig sind. Der Gedanke an Deutschland, die polarisierte Stimmung dort und die großen gegenseitigen Animositäten stimmt mich ganz mutlos. Und mitten in diese Trübseligkeit hinein stellt Clodagh Harris lächelnd eine einfache Frage: »Why waste a good crisis?« Und sie hat recht. In Irland ist die Citizens' Assembly auch aus einer Krise heraus entstanden, die Immobilienblase war geplatzt, die Menschen waren zornig, also versuchte man einen Neuanfang. Warum sollten wir die fulminante Vertrauenskrise, die wir seit einiger Zeit in Deutschland erleben, nicht auf dieselbe Weise nutzen und eine lernende Demokratie werden, die stetig versucht, die Lücke zwischen Anspruch und Wirklichkeit zu verringern?

Dafür muss sich zuerst der Bundestag wandeln – und dasselbe gilt für unsere politischen Reflexe. Als es 2017 kurzzeitig so aussah, als könne es eine Minderheitsregierung geben, verbreitete sich prompt Sorge im Land. In der Welt von morgen ist so ein Szenario jedoch kein Anlass zur Angst, im Gegenteil. In einer Minderheitsregierung treten die Sachfragen in den Vordergrund, statt Verhaltensstarre ist Flexibilität gefordert, und ohne Fraktionszwang brauchen sich die Parlamentarier nicht mehr auf theatralische Weise von allen Ideen abzugrenzen, die nicht aus ihren eigenen Reihen stammen, sondern dürfen einem guten Vorschlag auch dann zustimmen, wenn er aus einer anderen Partei kommt. Indem man den Gedanken der antiken Phylen aufgreift und Zugehörigkeiten schafft, die über die Parteigrenzen hinausgehen, kann man weitere Verkrustungen aufbrechen. Und natürlich ist es höchste Zeit für eine neue Sitzordnung. Abgeordnete sollten ihre Plätze nicht länger nach Parteien geordnet einnehmen, sondern bunt durcheinandergewürfelt werden, in einem Monat regionsweise, im nächsten zufällig. Das mag trivial erscheinen, ist es aber nicht. Nicht selten sind die zwei Kinder, die an ihrem ersten Schultag zufällig an einem Tisch landen, noch Jahre später befreundet, egal wie unterschiedlich sie sind.

Außerdem muss sich das Parlament den Bürgern öffnen. Wie wäre es, wenn man all den Lobbyisten ihre Hausausweise entzieht und sie stattdessen an Zufallsbürger vergibt, damit sie einen engen Kontakt zu Politikern unterhalten können?

Auch unser Wahlsystem braucht Innovation. So wäre es denkbar, dass Parteien keine Spitzenkandidaten und vorab festgelegte Listenplätze mehr haben, sondern stattdessen einen ganzen Pool an Interessenten, unter denen die bisherigen Führungspersonen genau die gleiche Chance haben wie die Frau, die sich erst seit einem Jahr in einem kleckerkleinen Wahlkreis engagiert. Die Bürger treffen ihre Wahlentscheidung also auf Grundlage von Programmen, und danach werden entsprechend viele Menschen per Zufallsprinzip aus den Parteipools gezogen. Dadurch wäre der Wahlkampf nicht mehr so personalisiert, die Berichterstattung weniger sensationslüstern, und ich würde aus Zeitungen mehr über die Pläne einer Partei zur Energiewende erfahren als über die Marotten eines Kandidaten.

Die parteipolitischen Zweifler und potenziellen Nichtwähler könnte man mit einer zusätzlichen Alternative locken. Auf den Wahlzetteln der Zukunft gibt es das Feld »ZB«. Zufallsbürger. Und wenn hier genug Menschen ihr Kreuz setzen, kommen ausgeloste Normalbürger in den Bundestag.

Die Parteien würden dadurch an Macht verlieren, und das ist eine Vorstellung, die Angst einjagt. Das Grundgesetz hat ihnen ja mit voller Absicht und aus gutem Grund eine so dominante Stellung eingeräumt. Aber ist es in Zeiten, in denen ein 26-jähriger Youtuber wie Rezo mit einem Video zu politischen Themen eine solche Aufmerksamkeit bekommt, noch zeitgemäß zu glauben, dass die politische Willensbildung allein den Parteien obliegt?

Doch auch damit ist die Neuausrichtung unserer Demokratie noch nicht vollendet. Um Antworten auf die vielschichtigen Fragen unserer Zeit zu finden, brauchen wir mehr als den einsamen Akt der Stimmabgabe, verborgen hinter einer schwarzen Stellwand. Die Zukunft werden wir nur meistern, indem wir an einem Strang ziehen, aber dazu sind Orte nötig, an denen Menschen die Chance haben, diesen Strang erst einmal zu knüpfen. Und so paradox das in einer Zeit erscheint, in der wir durch das Internet so nah zusammengerückt sind: Genau diese Orte fehlen. Die Dritte Kammer füllt dieses Vakuum, denn sie gibt ganz normalen Menschen einen Raum, in dem sie sich gemeinschaftlich mit komplexen Themen auseinandersetzen können, und das auf mehr als 280 Zeichen und ohne Schaum vorm Mund.

Vor der nächsten Bundestagswahl finden deshalb, so stelle ich es mir vor, alle Deutschen eine Karte in ihrem Briefkasten. Aus Büttenpapier, mit dem Bundesadler als Wasserzeichen und einer achtstelligen Zahl in Goldfolienprägung. Es ist ihr Los in die Politik. Am Wahlsonntag, nach den ersten Hochrechnungen, wird dann ein Computer angeworfen, eine moderne Variante des Kleroterions, der von unabhängigen Wissenschaftlern aus der Schweiz eigens dafür programmiert worden ist, die Zufallszahlen zu generieren. Insgesamt spuckte er 598 Zahlen aus, was der Mindestanzahl von Sitzen im Bundestag entspricht. Eine Bundesbehörde für demokratische Beteiligung überwacht den Prozess und achtet darauf, dass sämtliche Bevölkerungsgruppen angemessen vertreten sind. Die Diskussionen über Quotenregelungen sind damit vergangen. Die Dritte Kammer ist das erste wirklich radikal inklusive politische Gremium, das wir in Deutschland haben. Ob alleinerziehende Mütter oder Kohlekumpel, Migrantinnen mit Kopftuch oder umweltbewegte Studenten: Die Zufallsbürger zusammen ergeben ein Miniaturbild der Bundesrepublik. Natürlich wissen sie in manchen Dingen weniger gut Bescheid als altgediente Politiker, aber was ihnen an Wissen fehlt, gleichen sie durch ihre Freiheit aus. Zufallsbürger sind nicht an Parteizwänge gebunden, auf sie nehmen auch keine Lobbyisten Einfluss, und sie müssen nicht um ihre Wiederwahl fürchten. Deshalb können sie sich ganz darauf konzentrieren, gemeinsam gute Lösungen zu finden. Das beweisen die Ergebnisse der belgischen G1000: Wie ihr Begründer David Van Reybrouck mir erzählte, passten die Dinge, für die sich die einzelnen

G1000-Teilnehmer aussprachen, am Ende nicht mehr zu einem bestimmten Parteiprofil. Die Bürger hatten sich davon gelöst, einer politischen Linie zu folgen, und hatten stattdessen fundierte Sachentscheidungen getroffen.

Manche mögen einwenden, dass bei so einer Zufallsauswahl am Ende auch AfD-Wähler dabei sein könnten. Ja, das ist möglich – und nicht nur das: Es ist sogar wünschenswert! Die Ansicht, man solle mit AfD-Anhängern nicht reden, ist im linksliberalen Lager weit verbreitet, aber viele, die für eine solche Diskursverweigerung plädieren, tun das aus einer komfortablen Lage heraus: Sie leben in Gegenden, wo die Menschen mehrheitlich grün wählen. Doch es gibt Regionen in Deutschland, da liegen die politischen Verhältnisse so, dass man gar nicht anders kann, als mit AfD-Wählern zu sprechen.

Was die Iren uns als Tipp mitgaben, war, die Amtszeit der Zufallsbürger zu begrenzen, da sich sonst Freundschaften und Allianzen bilden, die den Entscheidungsprozess beeinflussen. Auch Louise Caldwell sagte, dass sie ein kürzeres Intervall bevorzugt hätte, da sie trotz allem immer noch Mutter dreier Kinder ist. Deshalb haben die Mitglieder der Dritten Kammer ihre Posten nur für sechs Monate inne. Der Demokratiedienst, den sie auf diese Weise leisten, ist genauso verpflichtend wie früher der Wehr- oder Zivildienst, ablehnen darf man ihn nicht, die Freistellung durch den Arbeitgeber ist garantiert, für Kinderbetreuung ist gesorgt und die Zufallsbürger werden wie Parlamentarier entlohnt.

Zu ihren Aufgaben gehört es, all jene Themen zu bearbeiten, bei denen der Bundestag aus Gründen der Befangenheit versagt, zum Beispiel die immer wieder aufgeschobene Wahlrechtsreform. Eine zentrale Frage an die Dritte Kammer ist außerdem, ob es nicht an der Zeit wäre, Deutschland eine neue Verfassung zu geben. Das bedeutet nicht, das Grundgesetz völlig zu demontieren, aber man würde es in Hinblick auf zukünftige Herausforderungen untersuchen, erweitern und anpassen, und am Ende würde die auf diese Weise erneuerte Verfassung in einer nationalen Volksabstimmung beschlossen werden. Wäre das nicht ein wichtiges Signal für Zusammenhalt und gemeinsame Visionen?

Auch die Frage nach obligatorischen Verfassungsreferenden spielt dabei eine Rolle. Was würde dagegensprechen, die Deutschen in Zukunft zwingend an Fragen zu beteiligen, die unsere Verfassung betreffen? Ob der Digitalpakt, der 2019 beschlossen wurde, oder die Forderung nach einem Grundrecht auf bezahlbaren Wohnraum, die gerade laut wird: Bestimmt hätten die Menschen zu solchen Themen einiges zu sagen.

Vor der ersten Sitzung der Dritten Kammer werden in einem gesamtgesellschaftlichen Suchprozess außerdem fünf wichtige Themen wie Klima, Gerechtigkeit, Migration, Bildung und Digitalisierung definiert, zu denen die Dritte Kammer Experten anhört, diskutiert und schließlich Gesetzesentwürfe einbringt. Über sie müssen Bundestag und Bundesrat in einer bestimmten Frist entscheiden. Zu einem späteren Zeitpunkt wird die Aufgabe der Themensetzung von einem kleineren vorbereitenden Gremium aus Zufallsbürgern übernommen. Ihre Mitglieder sind für 24 Monate im

Amt, da sie nicht mehr als vier bis sechs Sitzungen pro Jahr haben und ihre Berufe weiterhin ausüben können.

Dass es in der Dritten Kammer selten darum geht, bloß Ja oder Nein zu sagen, ist von entscheidender Bedeutung. Es stehen keine dualistischen Positionen zur Wahl, sondern die Menschen müssen sich auf die Suche nach konkreten Lösungen machen und ihren eigenen Standpunkt in aller Konsequenz zu Ende denken. Einerseits: Was heißt eine Obergrenze von 220 000 Flüchtlingen für die Frau, die in ihrer Heimat Afghanistan erniedrigt und unterdrückt wurde, aber leider die 220 001. Person ist, die um Aufnahme bittet? Andererseits: Wie realistisch sind offene Grenzen, falls sich die Lebensbedingungen in Afrika nicht so weit verbessern, dass sich den Menschen dort eine Perspektive bietet?

Wer ernsthaft deliberiert, wird die Anstrengung spüren. Es ist viel leichter, jemanden aus der Ferne zu hassen, als mit ihm zu sprechen. Es geht schneller, eine Meinung kundzutun, die in ihrer polemischen Zuspitzung einen guten Tweet abgibt, als in die Details einzusteigen. Es fühlt sich besser an, im Recht zu sein, als die andere Seite zu betrachten. Aber viele, die einmal an einer Bürgerversammlung teilgenommen haben, sagen, dass es eine der besten Erfahrungen in ihrem Leben war. Weil sie dadurch einen Platz in der Gemeinschaft gefunden haben.

Auch auf das Bildungssystem hat die Neuausrichtung des politischen Systems Auswirkungen. So wird an Schulen ein Fach Entscheidungsfindung eingeführt, in dem Kinder lernen, zu diskutieren und abzuwägen, die eigene Meinung zu äußern und die von anderen zu respektieren, zum Beispiel indem sie in Rollenspielen üben, abweichende Ansichten so wiederzugeben, als seien es ihre eigenen.

Wunder geschehen

Während meiner Recherche habe ich viele beeindruckende Geschichten gehört, und eine hat mich besonders berührt. Zugetragen hat sie sich am 8. Oktober 1989 auf der Prager Straße in Dresden, wo Menschen gegen das DDR-Regime demonstrierten. Das erste Mal auf die Straße gegangen waren sie am 4. Oktober, unter ihnen auch Frank Richter, der damals noch katholischer Seelsorger war, später Leiter der Sächsischen Landeszentrale für politische Bildung wurde und zuletzt als parteiloser Oberbügermeisterkandidat in Meißen antrat.

An diesen Oktobertagen in Dresden erlebt Frank Richter mit, wie sich von Tag zu Tag mehr Menschen den Protesten anschließen und die Volkspolizisten immer brutaler reagieren. Am 7. Oktober beobachtet er, wie eine Gruppe von Demonstranten eingekesselt wird. Einen Tag später gehört er selbst zu denen, die von bewaffneten Volkspolizisten umringt werden. Was nun passieren wird, kann er sich vorstellen: Entweder sie werden niedergeknüppelt oder ins Gefängnis geworfen. Und dann trifft Frank Richter eine Entscheidung.

Normalerweise liegt zwischen Demonstranten und Polizisten eine Art Niemandsland, das nur einige Quadratmeter umfasst und trotzdem unüberwindlich erscheint. An diesem Tag durchquert Frank Richter diese Zone, verlässt seine Gruppe von Demonstranten, tritt an die lebende Mauer der Polizisten heran und sagt: »Wir wollen keine Gewalt, und ich glaube, Sie wollen auch keine. Lassen Sie uns einfach unsere Forderungen formulieren.«

Ein Polizist nach dem anderen schlägt die Augen nieder.

Nach einer Weile nähert sich ein Mann in Zivil. Er heißt Detlev Pappermann und ist Oberleutnant der Volkspolizei, doch das weiß Frank Richter zu diesem Zeitpunkt noch nicht.

»Sie wollen reden?«, fragt der Mann, und Frank Richter nickt.

Am nächsten Tag haben Frank Richter und weitere Demonstranten einen Termin bei Wolfgang Berghofer, dem Oberbürgermeister der Stadt. Die Gruppe der 20, wie sie sich nennen, ist zusammengesetzt wie eine kleine Bürgerversammlung, unter ihnen sind Studenten und Akademiker, Arbeiter und Handwerker, Frauen und Männer, Junge und Alte. Gemeinsam tragen sie dem SED-Politiker ihre Wünsche vor: Wahl-, Reise- und Demonstrationsfreiheit und ein offener gesellschaftlicher Dialog. Es ist eine Begegnung, die einem kleinen Wunder gleichkommt. Geschehen konnte es nur, weil Frank Richter beschloss, das Nächstliegende zu tun, was trotzdem oft völlig abwegig erscheint. Nämlich mit dem anderen, dem vermeintlichen Feind, zu reden.

Noch heute treffen sich Frank Richter und Detlef Pappermann, der Demonstrant und der Polizist, manchmal auf einen Kaffee.

ANMERKUNGEN

1. »Schwindendes Vertrauen in Politik und Parteien: Eine Gefahr für den gesellschaftlichen Zusammenhalt?« – Bertelsmann Stiftung 2019 https://www.bertelsmann-stiftung.de/fileadmin/files/Projekte/Gesellschaftlicher_Zusammenhalt/ST-LW_Studie_Schwindendes_Vertrauen_in_Politik_und_Parteien_2019.pdf
2. »Trust in Professions Report 2016« – GfK Verein https://www.gfk.com/de/insights/press-release/helfende-berufe-geniessen-das-vertrauen-der-deutschen/
3. https://www.ifd-allensbach.de/uploads/tx_reportsndocs/FAZ_Mai_Wutbu__rger.pdf
4. https://www.faz.net/aktuell/politik/inland/allensbach-ostdeutsche-mit-wenig-vertrauen-in-den-staat-16002605.html
5. https://projekte.sueddeutsche.de/artikel/politik/bundestag-diese-abgeordneten-fehlen-e291979/
6. https://www.spiegel.de/politik/deutschland/grafiken-so-gefaehrdet-sind-parteien-und-demokratie-a-1045060.html
7. https://www.ifd-allensbach.de/uploads/tx_reportsndocs/FAZ_August2017_Unentschlossene.pdf
8. https://www.mdr.de/heute-im-osten/wer-beherrscht-den-osten-studie-100.html
9. https://www.spektrum.de/news/radfahren-wie-eine-koenigin/1444695

DANK

Ich hatte das große Glück, für dieses Buch mit vielen klugen, engagierten und inspirierenden Menschen sprechen zu dürfen. Ihnen allen möchte ich danken.

In der Schweiz waren das Marc Bühlmann, Armin Capaul, Barbara Perriard und Daniel Straub.

In Madrid traf ich Miguel Arana Catania, Chema Becerra, Yago Bermejo Abati, Vicky Bolaños, Pilar Montero Vilar und Pablo Soto.

In Ostbelgien redete ich mit Alexander Miesen, Oliver Paasch und Elisabeth Wimmenauer.

Auf unserer Demokratie-Exkursion nach Irland erzählten uns Tom Arnold, Ivana Bacik, Louise Caldwell, David Farrell, Sharon Finegan, Roslyn Fuller, John Garry, Clodagh Harris, Enda Kenny, Donald O'Brolchain, Lia O'Hegarty, Art O'Leary und Jane Suiter von ihren Erfahrungen mit der Citizens' Assembly.

Über die deutsche Einheit sprach ich mit Gerd Poppe, Frank Richter, Achim Schmidt-Gödelitz und Johannes Staemmler.

Ich danke Claus Offe, David van Reybrouck und Christina Tillmann für frühe Gespräche, Bastian Berbner für den Austausch, Florian, Martin, Matthias, Benni und Tina für

unseren eigenen Versuch und Jörg Verstl für seine Hilfe dabei. Ich danke meinen Eltern für ihre Gesprächsbereitschaft und Offenheit. Ich danke Stefan Ulrich Meyer für sein Interesse, Nadine Lipp für ihr Lektorat und meinem Agenten Thomas Hölzl für alles – und das ist ziemlich viel!
Ich danke Markus Alvarez Gonzalez, Albena Azmanova, André Bächtiger, Thomas Bagger, Peter Behrendt, Christiane Bender, Carsten Berg, Jacob Birkenhäger, Manfred Brandt, Lyn Carson, Anna Coninx, Anne Dänner, Yves Dejaeghere, Wolfram Eilenberger, Hanna Ehlert, James Fishkin, Arne Friel, Bruno Frey, Marcin Gerwin, Thomas Gill, Jan Tilmann Günther, Serge Heinen, Maximilian Held, Fabiola Hochkirchen, Olaf Jacobs, Alexander Freiherr Knigge, Tim Krott, Jonas Kunz, Judith Luig, Gertrude Lübbe-Wolf, Martin Machowecz, Noëlle McAfee, Wolfgang Merkel, Martino Mona, Patrizia Nanz, Bernd Nauen, Errikos Pitsos, Ingo Richter, Francesca Rio, Jascha Rohr, Yannik Roscher, Thomas Sattelberger, Stephan Schack, Susann Schäfer, Daniel Schily, Peter Stone, Alois Stutzer, Jorina Suckow, Nikolaus von Taysen, Wolfgang Thierse, Michael Trautmann, Daniela Vancic, Philipp-Christian Wachs, Natasha Walker, Jürgen Wiebicke und Achim Wölfel.
Ich danke Konstantin, der mir die Schweiz geschenkt hat. Ich danke Salome, Penelope und Felicia für jeden Tag. Ich danke Sandra für die Stunden im Büro. Ich danke Heike, Juliane, Tina, Tini, Bini, Caro und Miriam für ihre Freundschaft. Und ganz besonders danke ich Laura und Lotte.
Großer Dank geht auch an Dominik Herold und die ande-

ren Macher*innen des Frankfurter Demokratiekonvents und an Hans-Liudger Dienel, Roman Huber, Claudine Nierth und das gesamte Team des Bürgerrats Demokratie. Mit Eurer Energie und Eurem Optimismus verändert Ihr die Dinge zum Besseren, und ich freue mich auf alles, was noch passieren wird.

LITERATUR

Bücher

Albena Azmanova und Mihaela Mihai (Hrsg.): Reclaiming democracy. New York 2015

Benjamin Barber: Strong Democracy. Berkeley, CA 2004

Derek Wai Ming Barker, Noëlle McAfee, David Wallace McIvor (Hrsg.): Democratizing Deliberation. Dayton 2012

Hubertus Buchstein: Demokratie und Lotterie. Frankfurt 2009

Lyn Carson, John Gastil, Janette Hartz-Karp, Ron Lubensky (Hrsg.): The Australian citizens' parliament and the future of deliberative democracy. Pennsylvania State University 2013

Gil Delannoi, Oliver Dowlen (Hrsg.): Sortition – Theory and Practice. Exeter 2010

Oliver Dowlen: The political potential of sortition. Exeter 2008

John S. Dryzek: Deliberative Democracy and beyond: Liberals, critics and contestations. Oxford 2000

James S. Fishkin: Democracy when the people are thinking. Oxford 2018

James S. Fishkin: When the people speak: Deliberative democracy and public consultation. Oxford 2009

John Gastil, Erik Olin Wright (Hrsg.): Legislature by lot. London & New York 2019

Barbara Goodwin: Justice by lottery. Exeter 2005

Michael Hacker, Stephanie Maiwald, Johannes Staemmler, Judith Enders, Adriana Lettrari, Hagen Pietzcker, Henrik Schober, Mandy Schulze (Hrsg): Dritte Generation Ost: Wer wir sind, was wir wollen. Berlin 2012

Claus Leggewie, Patrizia Nanz: Die Konsultative. Berlin 2016

Noëlle McAfee: Democracy and the political unconscious. New York 2008

Noëlle McAffee: Fear of Breakdown: Politics and Psychoanalysis. New York 2019

David Van Reybrouck: Gegen Wahlen. Göttingen 2016

Peter Stone: The luck of the draw. New York 2011

Christa Wolf: Kindheitsmuster. Frankfurt am Main 2007

Christa Wolf: Stadt der Engel. Berlin 2010

Aufsätze, Zeitschriften und Studien

Thomas Bagger: The world according to Germany. Reassessing 1989, in: The Washington Quarterly, Ausgabe 4, 2018

Christiane Bender, Hans Graßl: Losverfahren: Ein Beitrag zur Stärkung der Demokratie? In: Aus Politik und Zeitgeschichte, 64, 2014

Mathias Benz, Alois Stutzer: Are voters better informed when they have a larger say in politics? In: Public Choice, 119, 2004

James S. Fishkin, Jane Mansbridge (Hrsg.): The Prospects & Limits of Deliberative Democracy, in: Daedalus. Journal of the American Academy of Arts & Sciences. Cambridge MA, Summer 2017

Jascha Rohr, Hanna Ehlert, Sonja Hörster, Daniel Oppold, Patrizia Nanz: Bundesrepublik 3.0. Umweltbundesamt 2019

Links

http://www.bpb.de/apuz/191195/losverfahren-ein-beitrag-zur-staerkung-der-demokratie?